그래서 작사가 되려면

<일러두기>

1. 인용한 노래에서 맞춤법에 어긋난 표현이나, 이 책의 맞춤법 규정과 통일되지 않는
   부분이 있음을 밝힙니다.
2. 노래 제목과 가사, 가수명은 멜론 사이트를 기준으로 표기했습니다. 연습을 위해 제시한
   예시 곡들은 책에 수록하지 않았으므로 직접 멜론에서 찾아보기를 권합니다.
3. 노래 제목, TV 프로그램은 〈 〉로 표기했습니다.
4. 저자의 문체를 살리고자 신조어(썸타다, 힙하다), 일부 구어체 표현(니가, 운빨, 멘붕
   등)을 사용했음을 밝힙니다.

그래서 작사가 되려면

2판 1쇄 발행 2024년 8월 1일

지은이 안영주
발행인 조상현
마케팅 조정빈
편집인 김주연
디자인 Design IF
펴낸곳 더디퍼런스

저자프로필 사진 © 송시영

등록번호 제2018-000177호
주소 경기도 고양시 덕양구 큰골길 33-170 (오금동)
문의 02-712-7927
팩스 02-6974-1237
이메일 thedibooks@naver.com
홈페이지 www.thedifference.co.kr

ISBN 979-11-6125-493-7

독자 여러분의 소중한 원고를 기다리고 있으니 많은 투고 바랍니다.
이 책은 저작권법 및 특허법에 따라 보호받는 저작물이므로 무단전재와 무단복제를 금합니다.
파본이나 잘못 만들어진 책은 구입하신 서점에서 바꾸어 드립니다.
책값은 뒤표지에 있습니다.

KOMCA 승인필

책으로 듣는
K-POP 작사 수업

그래서 작사가 되려면

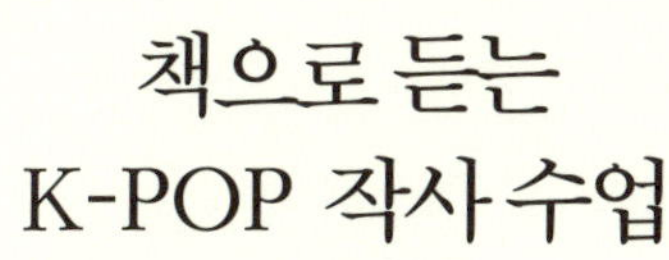

안영주 지음

《그니까 작사가 뭐냐면》
후속 실전 연습서

슈퍼주니어 〈SUPER〉, 더보이즈 〈EINSTEIN〉,
레드벨벳 〈La Rouge〉 등

아이돌 곡 전문 작사가 선배의
실제 작사 수업 커리큘럼 그대로!
누구도 알려 준 적 없는 작사 특급 꿀팁!

더디퍼런스

현실적인 작사 수업 커리큘럼 그대로

《그니까 작사가 뭐냐면》이 발매된 지 얼마 지나지 않은 시점에서 2권을 빨리 시작했으면 좋겠다라는 출판사 대표님의 전화를 받고 마음이 복잡했습니다. 물론 요즘같이 모두가 어려운 코로나 상황에서 첫 번째 책을 생각보다 많이 읽어 주셔서 두 번째 책까지 연달아 쓸 수 있게 된 건 작가로서 너무나 감사한 일이었지요. 하지만 매일 마감에 치여 사는 저 같은 직종의 사람들은 아시겠지만 책이라는 거대한 마감이 끝난 후 늘어질 새도 없이 크고 작은 마감들 사이 또 다른 거대한 마감을 다시 시작하려니 쉽게 엄두가 안 나는 것도 솔직한 마음이었습니다.

단순히 일의 절대량이 늘어나는 점 때문에 두 번째 책에 대한 고민이 깊어졌던 것은 아닙니다. 첫 번째 책 때와 마찬가지로 이미

훌륭한 작사책을 집필한 내로라하는 선배들 사이에서 아직 희미한 존재감의 제가 작사책을 또 쓰는 것이 괜찮은 일인가에 대한 생각 때문이었답니다. 너무 주제 넘는 일인 것 같아서 몇 달을 망설이다가 두 번째 책 집필을 시작했습니다.

저의 걱정과 망설임의 농도가 조금씩 옅어진 이유는 그동안 만났던 작사가 지망생 학생들의 응원과 독자 여러분들이 블로그나 카페 혹은 온라인 서점 리뷰란에 남겨 준 칭찬들 덕분이었습니다. 완벽하진 않았겠지만 담담하게 작사법에 대해 풀어낸 1권을 읽고 도움을 받으셨다는 혹은 매일매일 꾸준히 공부하고 계시다는 고마운 리뷰들과, 작사가 지망생들 및 관계자 여러분들의 강의에 대한 좋은 피드백에 용기를 한 번 더 내 보기로 마음먹게 됐습니다.

저는 작사가이기도 하지만 작사 수업을 진행하고 있는 강사이기도 합니다. 강의를 하려면 촘촘하게 커리큘럼을 짜고 그것들을 학생들에게 효과적으로 전달하기 위해 이런저런 교수법을 고민하게 되는데 이 책에서는 제가 교육청 산하 국립도서관 또는 소속사에서 하고 있는 강의의 커리큘럼을 최대한 책으로 풀어내는 데 집중했습니다.

《그니까 작사가 뭐냐면》이 작사가로서 공부 방법 및 작사의 개념을 설명한 기본 개념서였다면 두 번째 책《그래서 작사가 되려면》은 현장에서 작사가 지망생들을 가장 가까이 만나고 있는 강사로서 직접 지도하고 있는 커리큘럼을 책으로 구현한 자습서 혹은 문제지 같은 실전 실습서입니다.

기본 개념서에 비해 이번 책은 대중성이 조금 떨어질 듯해서 걱정했지만 출판사 대표님께서 판매량 생각하지 말고 원래 기획 의도대로 충실히 쓰라고 말씀해 주셔서 흔들리지 않고 실제 작사가 지망생들에게 필요한 책을 완성할 수 있었습니다. 여전히 미약하고 유일한 정답이라고 말할 수는 없겠지만 현실적인 작사 공부 커리큘럼을 담으려고 애쓴 이 책이 작사가라는 꿈을 향해 조용히 걸어가고 있는 많은 사람들에게 제법 의지가 되는 든든한 말동무가 되어 주었으면 하는 바람입니다.

Special thanks to

저를 작사가로 만들어 주신 MUMW팀, JQ 대표님,
저를 작가로 만들어 주신 더디퍼런스 조상현 대표님, 김주연 편집실장님,
저를 강사로 만들어 주신 서울시 교육청 홍우정님.
늘 감사한 마음 잊지 않겠습니다.

1호 가수 친구인 명품보컬이자 작사가 정인,
예쁜 프로필 사진 선물해 주신 송시영 포토그래퍼님,
THE BOOK COMPANY 우성민 에디터님.
작사를 통해 인연이 닿게 되어 너무 영광이고 감사해요.

보은이, Yoda야, 너희가 쓴 좋은 가사들을 내 책에
담을 수 있는 날이 올 때까지 잘 버텨 줘서 고마워, 수고 많았어!
멘탈 반토막 날 때마다 늘 곁에 있어 준 진이, 이슬이, 항희, 은애,
K-POP 스타들에게 제 책 홍보를 위해 열일하신 JYP 전담 영어쌤 티파니.
너무 너무 고마워요. 내가 더 잘할게요.
어벤져스 친구들 Ana, Oz, 영수 늘 고마워.
지금까지 묵묵히 함께해 준 MUMW 작가님들,
솔희, 서울, 동현 강사님, 예쁜 우리 학생들.
모두 진심으로 감사합니다.

예비 작사가들이 전하는 한마디

이 책의 커리큘럼 그대로 저자에게 작사 수업을 받고 있는
작사가 지망생들이 보내온 글입니다.

사방이 막힌 답답한 공간에선 하나의 창문만 있어도 숨 쉬기에 충분한 것처럼, 안영주 선생님은 늘 나에게 창문이 되어 준다. 나도 몰랐던 지친 마음을 먼저 들여다봐 주고 토닥여 준다. 작사가이자, 선생님이자, 어른으로서 전해 주는 그 따스함과 단단함을 닮아 가고 싶다. 이 책이 누군가에게도 응원이 되고 작사가라는 꿈을 위해 용기 낼 수 있는 기회가 되길 바란다.

_ 김현지

인생은 참으로 알 수 없는 일들의 연속이다. 겁 없이 작사라는 세계에 발을 들인 것도, 삶의 어느 한 시기에 안영주 선생님을 만난 것도. 매일 넘어지고 일어나고 다시 부딪히기를 수없이 반복할 때마다 선생님은 늘 따뜻하게 곁을 내어 보듬어 주신다. 언젠가는 노랫말로 어떤 이의 마음에 가 닿기를 바라는 우리들에게, 분명 이 책이 기꺼이 손 내밀어 줄 것을 알기에 더욱 반갑고 기다려진다.

_강세미

노래가 가진 4분 남짓의 이야기를 누구보다도 따스하고 섬세한 감정으로 파고드는 안영주 선생님. 그래서인지 일상 속 평범한 단어들도 선생님을 만나게 되면 자신만의 멋진 이야기를 들려주는 것 같다. 노래의 멜로디만 흥얼거리던 내

가 선생님을 만나면서 가사 한 줄 한 줄의 의미를 찾아내는 것이 즐거워진 것처럼 작사가를 꿈꾸는 많은 사람들에게 이 책이 도움이 되면 좋겠다. 선생님과 같은 길을 걷는 날이 오길 바라며. 선생님, 항상 감사합니다!

_ 박건하

따뜻한 감성과 함께 날카롭게 분석해 주시는 부드러운 카리스마 안영주 선생님. 선생님의 가사는 꼭 목소리 같다. 그 노래가 처음부터 가지고 태어난 것처럼, 그 가사 말고 다른 것은 생각할 수 없을 정도로 꼭 맞는 목소리를 부여해 주신다. 그래서 선생님의 가사는 들을 수록 더 듣고 싶고 오래 기억되는 듯하다. 작사가라는 멀고 험한 길에 방향을 잃지 않게 손을 잡아 주시는 안영주 선생님. 이 책이 작사가라는 막연한 꿈을 헤매는 또 다른 지망생들에게도 따뜻한 손이 되기를 바란다. 선생님과 동료 작사가로서 마주할 수 있는 날을 꿈꾸며.^^

_ 김유진

안영주 선생님은 나를 꿈을 꾸게 만드셨다. 그리고 매번 방향을 제시해 주셔서 감사하고 본받고 싶은 분이다. 이 책을 통해 작사를 꿈꾸는 사람들이 행동에 옮길 수 있는 용기를 얻을 것이라고 믿는다. 상상 속에서만 꿈꾸던 것들을 현실로 마음껏 펼치는 계기가 되기를 바라며.

_이유은

그니까 작사가 뭘까? 작사가 지망생에겐 여전히 어렵다. 이런 사람이 한둘일까. 안영주 선생님은 내가 길을 잃고 헤맬 때 한결같이 손을 내밀어 주신다. 상냥한 작사가님을 닮아 책 역시 상냥하다. 옆에 바짝 붙어 대화를 나누는 것 같다. 이 책이 작사가를 꿈꾸는 또 다른 이들의 손을 잡아 주지 않을까 생각한다.

_ 정다슬

Class 1 작사 실전편 : 작사와 친해지기

Level 1 작사를 하고 싶은 이유 생각해 보기

Level 2 바쁜 일상 중에 작사 공부를 위한 계획표 짜기

Level 3 작업 공간에 대해서

Level 4 글쓰기 능력과 작사의 상관관계

Class 2 작사 심화편 : 작사 즐기기

Level 11　다양한 콘셉트의 가사

Class 1

작사 실전편 :
작사와 친해지기

Level 1

작사를 하고 싶은 이유 생각해 보기

취미? 프로 데뷔?

주중에는 보통 소속사에서 작사 수업을 하고, 이따금씩 서울시 교육청 혹은 도서관 등 국가기관에서 작사 강의나 특강을 진행하고 있다. 강의 첫 시간에 항상 수강생들에게 던지는 질문이 있는데 그 것은 바로 작사를 하고 싶은 이유이다. 수강생들은 남녀노소, 직업 군 등이 생각보다 꽤나 다양한데 그런 만큼 작사를 시작하고 싶은 이유도 천차만별이다.

특별히 기억에 남는 몇 가지 사연들을 떠올려 보자면, 아들이 유명한 가요제 출신 뮤지션인데 아들의 곡에 가사를 붙여 더 나이 들기 전에 기념앨범을 만들고 싶다던 아마추어 시인 어머님도 계셨고, 이미 몇 장의 앨범을 발매한 싱어송라이터인데 조금 더 퀄리티 있는 가사를 쓰고 싶어서 찾아온 뮤지션 수강생도 있었다. 고등 래퍼를 꿈꾸는 고등학생도 있었고, 의대 진학과 아이돌 데뷔 사이에서 진로를 고민하다가 의사를 선택했지만 작사로나마 꿈을 이

루고 싶은 연습생 경험이 있는 미래의 예쁜 의사 선생님도 있었다. 혹은 매일 아침 일찍 회사에 출근하기가 버거워 작사로 투잡을 뛰며 일정한 저작권 수익이 생기면 회사를 그만두고 싶다는 포부를 밝힌 사회 초년생도 있었고, 회사 취직이 힘들어질 경우를 대비해 작사를 배우고 있는 대학생들도 있었다.

나의 경우를 돌이켜 보자면 방송작가로 바쁘게 활동하다가 결혼 후 두 아이의 육아를 어느 정도 해결하고 소위 말하는 경단녀가 된 후에 아이를 키우면서 집에서 혼자 할 수 있는 일을 찾다가 작사 쪽을 선택한 케이스이다. 작사 자체에 매력을 느껴 시작한 건 분명하지만 출퇴근할 필요 없이 얼마든지 집에서 혼자 할 수 있는 일이라는 점이 선택의 가장 큰 이유였다. 작사가들 중에는 이처럼 다른 일과 작사를 병행하는 사람들이 꽤 많은데 아마 나와 같은 이유일 거라고 짐작된다.

이처럼 작사를 시작하게 된 저마다의 이유는 취미와 프로 입문으로 갈린다. 취미로 작사를 즐기는 것과 프로 작사가가 되는 것의 가장 큰 차이점은 수익이다. 작사로 어느 정도 일정한 수익이 발생하길 기대한다면 혹은 괜찮은 커리어를 쌓아 가길 원한다면 좀 더 공격적으로 작사에 임하는 자세가 필요하고 단순 취미라면 말 그대로 천천히 즐기면 된다.

작사의 목적이 취미냐 프로 입문이냐에 따라 작사를 공부하는 커리큘럼도 달라져야 한다. 이 책에서 앞으로 제시하게 될 과정들

은 아무래도 프로 작사가 지망생에게 초점이 맞춰졌지만 취미로
하는 사람들도 여유로운 스텝으로 따라오면 충분히 도움이 될 것
이다.

1. 지금 하고 있는 일이 무엇인가? 작사와 현실적으로 병행이 가능한가?

2. 작사를 하고 싶은 나만의 이유 세 가지 써 보기

①

②

③

3. 내가 하루에 작사하는 데 투자할 수 있는 시간은?

4. 평소에 즐겨 듣는 혹은 즐겨 쓰는 장르는?

5. 작사를 배우는 목적이 취미인지, 프로 데뷔인지 생각해 보기

6. 프로 데뷔라면 시장에서 원하는 작사 작업의 80%가 아이돌 분야인데 현실적으로 가능할까 고민해 보기

7. 작사를 시작한다 해도 당장은 눈에 보이는 성과가 없을 확률이 높은데
그런 상태로 냉정하게 얼마나 버틸 수 있을지 생각해 보기

① 경제적 상황:

② 심리적 상황:

작사에만 올인하는 지망생들보다 본인의 일과 겸업하며 시작한 사람들이 더 오래 큰 기복 없이 잘 버틴다. 작사는 단기간에 승부가 나는 분야가 아니므로 일정 궤도에 오르기 전까지는 경제적 안정성을 위해 본업도 당분간은 성실히 유지하는 게 좋다.

바쁜 일상 중에 작사 공부를 위한 계획표 짜기

단기 목표

필자도 마찬가지지만 작사 수업을 들으러 오는 대다수의 수강생들은 이미 본업이 있다. 사회 초년생 혹은 대학생이 대부분인데 본업과 학업을 병행하며 동시에 작사를 배우고 가사를 쓰는 일과는 생각보다 그리 녹록하지 않다. 아마도 다른 취미 생활이나 잉여의 인간관계를 거의 포기해야 소화 가능한 일정일 것이다. 새벽에 메일로 숙제를 제출하는 학생들도 꽤 있는데 이들은 아마 잠도 포기하고 가사와 씨름하다 출근했을 것으로 짐작된다. 종종 가사 쓰는 것 때문에 현생이 너무 피곤해졌다고 하소연하는 학생들도 있는데 이렇게까지 무리하면서도 놓고 싶지 않을 정도로 가사를 쓰는 이유는 그들에게도 매우 매력적인 일이기 때문이다. 아니 매력 그 이상의 마력인 것 같다. 누가 시키지도 않았는데 일부러 애써 사서 하는 짜릿한 고생이랄까?

학원에서 작사 수업을 듣는 작사가 지망생들의 경우에는 적어도 일주일에 한 곡씩 가사 쓰는 연습을 하고, 피드백을 받은 후 수정하는 패턴의 루틴을 갖는다. 하지만 자신의 일을 하면서 작사 수업도 듣고, 의미 있는 완성도로 일주일에 가사 하나를 마무리하고 넘어가는 것은 생각보다 쉽지 않다. 그렇기 때문에 프로로 데뷔하는 것이 작사를 배우는 목적이라면 본인만의 작업 루틴을 만들어 놓는 게 중요하다. 단기 목표에 참고할 수 있도록 자투리 시간을 최대한 활용하는 나의 루틴을 공유해 보겠다. 중요한 점은 학원을 다니든 혼자 공부하든 일주일에 한 곡 정도는 스스로 완성해 보는 습관을 들이는 게 좋다!

〈필자의 작사 루틴 예시〉

① 아침

- 일어나면 무조건 동네 카페에 가서 3시간 동안 가사를 쓴다. 작업할 데모가 없다면 혹은 잘 써지지 않는 날은 발매된 다른 작사가의 작품을 보며 공부하거나 내 가사를 다시 체크하며 수정한다.

② 오후

- 주중에는 작사 수업을 하러 가는 차 안에서 신곡을 모니터한다.
- 집에서 밥 먹을 때 음악방송이나 뮤비를 틀어 놓고 챙겨 본다.(가사에 안무 포인트가 많이 들어 있어서, 가사가 안무나 무대에 혹은 코디에 어떤 영향을 미쳤는지 확인할 수 있다.)

- 마트에 장을 보러 가거나 아이들 픽업 갈 때 배울 점이 많은 노래 한
  곡을 무한 반복하며 가사를 숙지한다.(노래를 그저 몇 번 들어본 것과 가사를
  완벽하게 숙지해서 내 것으로 만드는 것은 완전히 다르므로 가사가 좋은 한 곡을
  반복해서 듣는 편이다.)

③ 저녁

- 매일 오후 6시는 멜론에서 신곡이 발표되는 시간이므로 되도록
  모니터해야 하는 새 앨범이 발매됐는지 하루 한 번은 체크한다.(K-POP
  신곡은 가장 좋은 교과서이다.)
- 드라마를 볼 때 귀에 꽂히는 OST가 나오면 바로 가사를 찾아본다.

④ 특이사항

- 잡지 연재 마감이 있는 주간은 작사보다는 연재에 집중한다.
- 교육청 혹은 도서관에서 강의가 있을 때는 아침 카페 작업을 중단한다.
- 일요일에는 작업을 거의 하지 못한다.

TMI

집에서 논현동 강의실까지 주로 버스나 택시를 이용하는데 막히지 않으면 15-20
분 정도의 시간이 소요된다. 중요한 신곡 모니터는 주로 그때 하는 편이다. 타이틀곡
은 무조건 반복해서 두 번 이상 듣고 수록곡도 한 번 정도는 다 들어 본다.

필자의 루틴을 참고해서 꾸준히 지킬 수 있는 일과를 작성해 보자.

1. 아침

2. 점심

3. 저녁

4. 특이사항

TMI 1

처음부터 너무 빡빡하게 계획을 짜면 중간에 포기하기 쉬우므로 당장 실현 가능한 것부터 시도해 보자. 출퇴근 시간이나 통학 시간 혹은 운동 시간 등 자투리 시간을 이용해 한 가지 곡을 충분히 반복해서 듣고 필사하는 것부터 시작해 보자. 그런 다음 작사에 투자하는 시간을 하루 30분, 한 시간에서 두 시간, 상황에 맞게 차츰 늘려 가는 것을 권한다.

TMI 2

나중에 작사 학원에 등록하게 된다 하더라도 선행을 한다는 느낌으로 미리 기본적인 작사 공부를 해 두면 좋다. 학원에 처음 가면 생각보다 능력자들도 많고, 경력자들도 꽤 많다. 학원에서부터 이미 경쟁은 시작된다. 그러므로 뒤처지지 않으려면 공부를 미리 해 두면 도움이 된다. 그저 학원에 다니는 것만으로는 실력이 늘지 않기 때문이다. 학원은 가이드라인과 좋은 기회를 제공해 주지만 결국 내 실력을 늘리는 것은 자신의 노력이다.

장기 목표

본인이 설정한 루틴을 하루하루 잘 지키는 게 단기 목표라면 처음 가사를 쓰기 시작한 사람들에게 있어 장기 목표는 아무래도 데뷔 시기일 것이다. 이런 루틴으로 꾸준히 노력해서 데뷔는 몇 달 후쯤 으로 목표하는지 합리적인 계획을 짜 본다. 기간이 너무 타이트하면 압박감에 본인이 괴롭고, 기간이 너무 루즈하면 한없이 게을러 질 수 있기 때문에 현실적인 상황을 감안해 본인만의 데뷔 목표 시기를 정해 보자.

데뷔할 수 있는 루트는 개인이 처한 상황마다 다르고 실력 차이나 운빨까지 여러 변수들이 작용하지만 경험상 작사 공부를 시작하고 데모를 받기 시작한 후 12개월 안에 데뷔한다면 게으름 피우지 않는 꽤 적절한 속도라고 판단된다.

장기 목표를 세우기 전에 고민해야 할 것들은 다음과 같다.

1. 나는 어떤 루트로 데뷔할 것인가?

① **학원** : 수강 등록 후 데모를 받기 전까지의 시기가 학원마다 차이가 있으므로 어떤 학원을 선택하느냐에 따라 데뷔 시기도 달라지겠지만 보통 12개월 정도면 적절하다고 본다. 작사 학원들 중에서 가장 데모를 빨리 주는 곳은 수강 등록 후 3개월 후이기 때문에 이 루트의 경우 최소 학원 등록 후 15개월의 시간이 소요된다. 첫 번째 책에서도 언급했지만 학원 선택은 본인의 데뷔 시기에 결정적인 영향을 미치므로 신중해야 한다. 인스타그램 DM(Direct Message)으로 어떤 학원을 골라야 하냐고 질문하거나 혹은 추천해 달라고 하는 독자들이 꽤 많은데 그때마다 필자는 작사가 지망생들의 데뷔 비율을 꼼꼼히 따져 보라고 조언한다. 그 학원에 얼마나 많은 스타작사가들이 소속돼 있는지, 얼마나 많은 히트곡을 작업했는지도 물론 중요하지만 지망생들 입장에서는 얼마나 많은 신인 작사가들이 그곳을 통해 데뷔했는지를 따져 보는 것이 훨씬 더 중요하다. 이는 각 학원에서 운영하고 있는 인스타그램이나 개별 문의를 통해 확인이 가능하다. 발표되는 신곡의 크레딧(제작에 참여한 스텝들의 명단)에 신인 작사가의 이름이 많이 올려져 있을 수록 지망생들의 데뷔 비율이 높은 곳이다.

② **지인 찬스** : 많은 작사가 지망생들이 선택할 수 있는 루트는 아니지만 이건 정말 대중없다. 뮤지션인 지인과 작업한 가사가 발매된

다면 그것이 바로 나의 데뷔이다.

③ **발품** : 아주 가끔 메일이나 우편으로 본인의 포트폴리오를 돌려서 데모를 받아 냈다고 하는 친구들을 볼 수 있는데 이 루트는 정말 복불복이다. 유명한 K-POP 연예기획사 같은 경우, 보안을 가장 중요시하므로 정체 모를 무명 작사가 지망생에게 선뜻 미공개 데모를 줄 것 같진 않다. 저자도 데뷔 전 이런 경험이 있는데 연락을 따로 받아 본 적이 없어서 자신 있게 추천하진 못하지만 아예 불가능한 일도 아니기 때문에 본인이 할 수 있는 모든 것을 다 해 보는 의미에서는 나쁘지 않다.

2. 하루에 몇 시간이나 작사하는 데 투자할 수 있는가? 일주일에 몇 곡을 의미 있게 완성할 수 있는가?

하루의 작업량과 일주일 동안의 작업 곡수에 따라 당연히 데뷔에 도전할 수 있는 데모곡 수가 달라질 것이다. 단 작업 곡수가 많다고 해서 데뷔 가능성이 무조건 높아지는 것은 아니다. 곡수도 중요하지만 무엇보다 중요한 것은 가사의 완성도이다. 기존 가사와 비교해도 뒤지지 않을 만큼 높은 완성도로 가사를 제출해야 의미가 있다.

3. 본인의 현재 작사 실력은 상중하 중 어느 정도라고 판단하는가?

수업을 받으러 오는 신입 지망생들만 살펴봐도 각자 살아온 인생과 처한 상황이 천차만별인 만큼 작사 실력도 차이가 많이 난다. 난생 처음 가사를 배우는 작사에 'ㅈ'자도 모르는 사람, 이미 몇 장의 앨범 발매 경험이 있는 프로 뮤지션들도 있다. 혹은 다른 소속사에서 이미 데뷔까지 하고 더 좋은 기회를 찾아 우리 소속사로 넘어오는 경우도 적지 않다.

신입생들은 이렇게 크게 세 가지 경우로 나뉘는데 각자의 경험치에 따라 현재 가지고 있는 실력도 확연히 차이 날 수밖에 없다. 작사 경험이 있다고 해서 모두 가사를 처음부터 잘 쓰는 것은 아니지만 적응 속도는 아무래도 빠를 수밖에 없다.

작사를 잘한다는 기준은 장르마다, 연예기획사별 성향마다 달라서 점수를 매길 수는 없지만 이해를 돕기 위해 상중하로 레벨을 분류해 보면 아래와 같다. 물론 개인차는 늘 있으므로 절대적인 판단 기준은 아니다.

상 : 이미 다른 소속사에서 아이돌 곡으로 데뷔 경험 있음

→ 12개월 안에 다른 신곡 발매를 목표로 달리기

중 : 본인 앨범을 발매한 경험이 있는 뮤지션, 하지만 아이돌 곡 가사를 작업한 경험은 없음.

혹은 글을 다루는 것이 능숙한 전공자나 글쓰기 능력자들

→ 15개월 안에 데뷔하는 것을 목표로 달리기

하 : 가사 작업 경험이 전혀 없고, 글쓰기도 조금 서툰 경우

→ 18개월 안에 데뷔하는 것을 목표로 달리기

지망생들을 가장 가까이서 지켜본 입장에서 설정한 작사 공부 시작부터 데뷔까지 예상 소요 기간이지만 언제까지나 참고용으로만 봐 주면 좋을 것 같다. '대체적으로 이렇다'라는 것이지 이보다 빠를 수도 늦어질 수도 있다.

지망생들이 가장 많이 하는 질문이 '저는 언제쯤 데뷔할 수 있을까요?'인데 위의 기준에서 본인이 어느 곳에 해당되는지 체크해 보면 어느 정도의 답을 얻을 수 있을 것이다. 물론 작사 공부를 시작한 후 성실히 노력했다는 전제하에서 설정된 데뷔까지의 소요 기간이다.

다른 분야도 마찬가지겠지만 이름만 걸쳐 놓고 그저 시간만 때우면 몇 년이 지나도 본인이 작사한 곡이 한 곡도 없을 수 있다. 열심히 잘하고 있는 사람들이 충분히 많기 때문이다. 그 사람들 틈에서 어떻게든 살아남으려면 남다른 각오와 전략, 노력은 필수이다. 작사를 하기로 결심했다면 데뷔 전까지만이라도 누구보다 후회 없이 치열하게 달려 보길 권한다.

작사가 지망생 시절 함께 작사 공부를 하던 동료들과 밤새도록 함께 가사를 쓰다가 해가 뜨는 것을 보고 24시간 운영하는 순댓국집에서 이른 아침을 먹곤 했다. 그때는 손에 쥔 게 아무것도 없어서 보이지 않는 일에 승부를 걸어야 하는 상황이 막막했지만 뭔가에 그렇게 미치도록 간절히 매달린다는 자체가 참 멋지고 아름다웠던 것 같다. 그때의 치열했던 순간들이 마음속 어딘가에 스며들어 있다가 가사로 배어 나오는 듯한 오묘한 기분이 들 때가 있다.

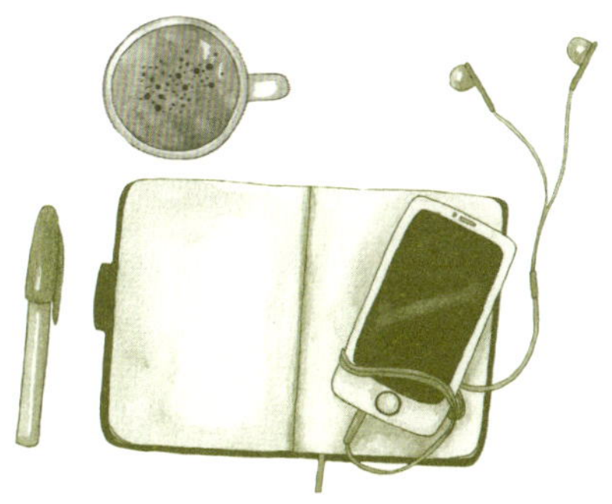

앞에서 언급한 모든 상황을 고려해서 자신의 데뷔 목표 시기를 적어 보자.

1. 어떤 루트로 데뷔할 것인가?

2. 하루에 몇 시간을 투자하고, 일주일에 몇 곡을 완성할 수 있는가?

3. 본인의 현재 작사 실력은 객관적으로 어느 정도 수준이라고 판단하는가?

4. 위의 모든 상황을 고려해 목표로 하는 나의 데뷔 시기는 언제인가?

필자의 경우 단기 목표는 위에서 공개한 루틴을 하루하루 지키는 것이고, 장기 목표는 일 년에 다섯 곡 발매이다. 나처럼 5년차쯤 되는 작사가들에게는 K-POP 아이돌 곡을 일 년에 다섯 곡 정도 발표하는 것은 평균적으로 불가능한 일도 아니고, 그렇다고 해서 만만한 목표도 아니다. 적당히 빡센 정도라고 보면 된다. 데모 작업이야 일주일에 한 편 정도는 꾸준히 하고 있으므로 대강 일 년에 50곡 안팎의 가사를 쓰고 있지만 도전하는 곡들의 경쟁률이 매번 높기 때문에 다섯 곡 발표도 결코 쉬운 일은 아니다. 대형기획사 기준으로 K-POP 아이돌 앨범에 수록될 한 곡의 경쟁률은 보통 수백대 일을 훌쩍 뛰어넘는다. 현재 기준(2021년 9월) 올해 두 곡 발표했으니 아직도 세 곡이 남았다.

나 역시 24시간 작사만 할 수 있는 형편은 아니다. 주중 작사 수업들, 매달 잡지 연재, 이미 계약된 도서 집필을 하면서 데모곡 작업까지 해야 하니 만만치는 않지만 그래도 어떻게든 해 나가고 있는 중이다. 그러니 여러분도 목표가 작사가 데뷔라면 자신만의 스텝으로 조금씩 속도를 내길 바란다.

작업 공간에 대해서

어디에서 언제 작업하나요?

가끔씩 작사 관련 인터뷰를 하거나 질문을 받을 때마다 빠지지 않는 항목이 작업 공간에 관한 것이다. 작사 작업은 주로 어디서 어떻게 하는지 궁금해 하는 사람들이 꽤 많다. 나 같은 경우는 집 근처 카페 세 군데 정도를 정해 놓고 돌아가며 방문하는 편이다. 두 군데는 어디에나 다 있는 유명한 커피 체인점이고, 한 군데는 그 두 카페에 콘센트 꼽을 자리가 없을 때 비상시에 가는 동네 작은 카페이다.

집에도 작업 공간이 있지만 굳이 밖에서 작업하는 이유는 집에서는 작업에 온전히 집중하는 게 힘들기 때문이다. 게다가 나는 주부이기도 하기 때문에 다 돌아간 빨래를 건조기에 넣지 않은 것이 작업하다가 문득 생각난다든지, 세탁소에 맡겨야 할 아이들 교복이 갑자기 눈에 거슬린다든지, 물 마시러 냉장고를 열었다가 채소칸 구석에서 시들어 가고 있는 숙주와 청경채가 신경 쓰여 하던 작업은 까맣게 잊고 홀린 듯 요리하는 일이 허다하다. 집안일을 조금 해치우다 보면 어느새 피곤해져서 컴퓨터 책상 옆에 있는 안마의자에 누워 버리기 일쑤이다. 그러다 보면 오전 시간은 누구에게 도둑맞은 것처럼 훌쩍 증발해 버린다.

물론 잡다한 일들을 마치고 다시 책상에 앉아 가사에 몰입하려고 시도하지만 일상에서 가사로, 주부에서 작사가로 모드를 바꾸는 데에는 적어도 30분에서 한 시간 정도의 시간이 소요되므로 작업 몰입도가 뜨뜻미지근하다. 살림도 작업도 둘 다 열심히 하지 못한 듯해서 하루 종일 기분도 찜찜하다. 이렇듯 집안에는 작업을 방해하는 위험 요소가 곳곳에 도사리고 있다.

그래서 2~3년째 지키고 있는 나만의 규칙은 아침에 눈을 뜨고 세수하자마자 바로 카페로 직행하는 것이다. 오후에 어떤 중요한 일정이 있든, 작사 수업이 있든, 집안 청소 상태가 폭파 3분 전이든, 전날 있었던 일로 기분이 별로든, 몸이 크게 아프지만 않다면 무조건 카페에 가서 3시간 정도 작업한다. 몸이 조금 아플 때에는 입에 약을 털어 넣고 약 기운을 빌려서라도 한두 시간은 엉덩이를 붙이고 앉아 있으려고 한다. 애써 만들어 놓은 습관이 무너지는 것은 한순간이기 때문이다. 만약에 당장 마감이 시급한 데모가 없다면 학생들 숙제 검사나 가사 분석 공부, 필사 등 무조건 작사와 관련된 일을 하며 시간을 보내고 돌아온다.

'매일 아침 오픈 시간에 와서 아이스 아메리카노 벤티 사이즈를

시켜 놓고 아이돌 공연 영상을 미간을 찌푸리며 반복해서 돌려 보다가 한숨을 벅벅 쉬며 텅 빈 화면을 향해 자판을 두들기는 동네 아줌마를 바리스타들이 이상하게 보지 않을까?' 하는 생각을 스치듯 한 적은 있지만 남의 시선을 의식할 만큼 그리 여유 있지는 못하다. 눈앞에 닥친 마감들을 하루하루 해치우다 보면 이내 그런 사소한 걱정들은 사라진다.

이렇게 매일 아침 카페에서 3시간씩 가사 작업을 한다고 해서 노력만큼의 성과를 몸소 체감하고, 작사가로서의 위치가 갑자기 수직 상승하는 것은 결코 아니다. 가끔은 너무 안 써져서 멍만 때리다 오는 날도 있고, 가끔은 나름 만족스럽게 작업을 마치고 상쾌한 기분으로 카페 문을 나서는 날도 있다. 하지만 그 어떤 변수에도 불구하고 내 일에 꽤 오랜 시간 동안 꾸준히 정성을 들이고 있는 중이라는 (나만 아는) 진심어린 마음과, 자신과만 할 수 있는 사소하지만 결코 가볍지 않은 약속을 지켜 나가는 것만으로도 충분히 자존감과 삶의 만족도는 올라간다고 믿는다. 이것은 비단 작사에만 해당되는 것은 아니다. 누가 알아주지 않아도, 결과가 당장 눈에 보이지 않더라도 묵묵히 자신만의 스텝으로 목표 지점을 향해 걸어갈 수 있는 마음의 근력은 어떤 일에나 누구에게나 필요하다.

나는 카페에서 작업하는 것이 가장 편하고 상황에 맞지만 각자의 현실에 따라 몇 개의 선택지가 있을 것이다. 주변의 작사가 친구들이나 지망생들을 보면 대다수가 카페에서 작업하고, 경제적

상황이 여유로운 경우에는 개인 작업실을 가지고 있는 사람도 있
다. 어떤 공간에서 작업을 하든지 간에 동선이 편하고 지속 가능하
며 몰입이 잘 되는 나만의 작업실을 두세 군데 정도 찾아 두는 게
좋다.

하루에 한 시간이라도 작사 관련 공부를 꾸준히 하자. 뭐든 꾸준히 하는 것이 중요하다!

1. 지속 가능하며 안정적으로 확보할 수 있는 나만의 작업 공간에 대해 생각해 보자.

① 카페에서 할 때의 장단점

② 내 방에서 할 때의 장단점

③ 작업실을 구할 경우의 장단점

📎TMI 1

유명 기획사의 데모를 받아 작사 작업을 하는 일은 보안 유지가 중요해서 카페에 가면 사방이 뚫린 자리보다는 내 모니터가 남들에게 보이지 않는 최대한 구석진 자리를 선호한다.

📎TMI 2

카페에 갈 땐 항상 타이레놀과 인공눈물을 챙겨 간다. 같은 노래를 반복해서 듣다 보면 머리가 아플 때가 종종 있는데 그렇다고 해서 중간에 멈출 수는 없기 때문에 얼른 타이레놀 한 알을 먹고 다시 가사를 쓴다. 인공눈물은 모니터를 장시간 보다 보면 눈이 뻑뻑하고 피곤할 때 한 번씩 넣어 준다.

Level 4

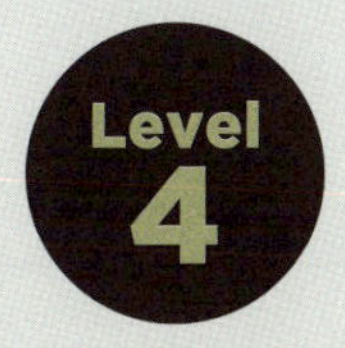

글쓰기 능력과 작사의 상관관계

(Feat: 반비례도 정비례도 아닌 어디쯤)

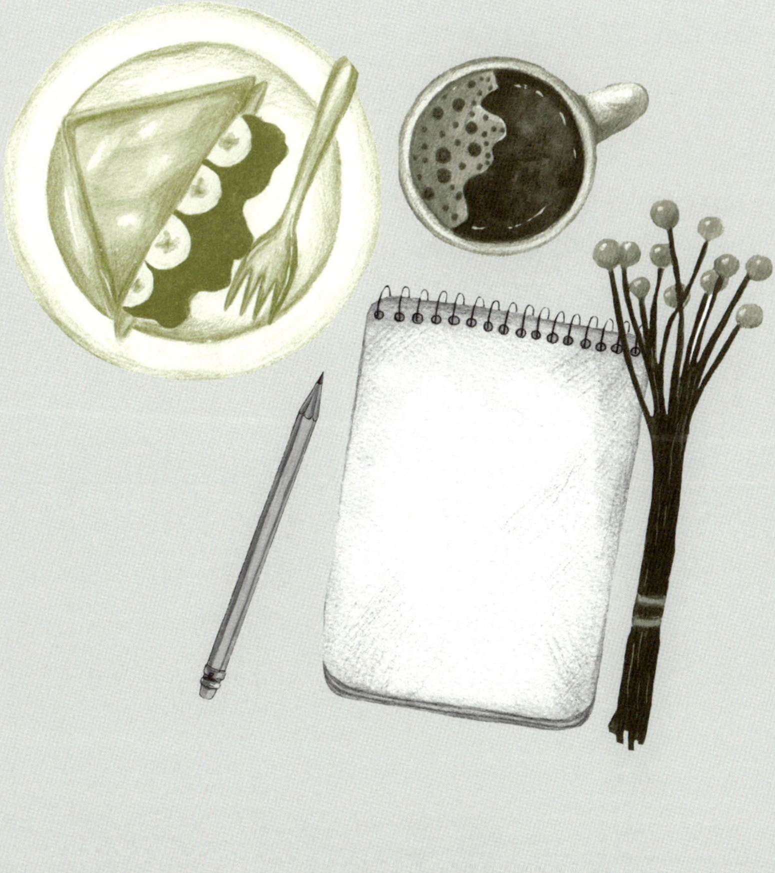

글을 잘 쓰는 사람은 작사도 잘할까?

작사 수업을 들으러 오는 학생들 중에는 문예창작과나 국문과 출신들이 제법 있다. 내가 강의하는 곳은 한 반에 수강생 정원이 8명인데 그중에 한두 명 정도는 글을 쓰는 것과 관련 있는 전공이나 직업을 가지고 있다. 아주 가끔 전공자라며 가사 쓰는 것을 꽤 만만하게 생각하는 사람도 있는데 그 생각은 백발백중 오래 가지 못한다. 첫 작사 과제를 받자마자 생각보다 가사 쓰는 게 너무 어려워서 제대로 완성하지 못했다는 볼멘소리를 꽤 자주 듣곤 한다. 어려운 것이 당연하다.

가사는 일반 글에 비해 제약이 매우 많다. 가사를 쓰다가 잡지에 연재 글을 쓰거나 책을 집필할 때 정체를 알 수 없는 해방감을 느낄 때가 많다. 일반 글이 평지에서 나 혼자 발길 닿는 대로 산책하는 것이라면 의뢰받은 가사를 쓰는 것은 마치 굴곡 있는 도로를 표지판에 적힌 방향과 속도에 맞게 신호등도 지켜 가며 시간 내에 안

전하게 도착해야 하는 고된 주행에 가까운 일이다.

작사는 멜로디의 리듬과 발음도 맞춰야지, 가수의 캐릭터도 살려야지, 기획사의 마케팅 포인트도 신경 써야지, 그 와중에 마감 기한도 짧지, 고려해야 할 사항이 한두 가지가 아니다. 한마디로 총체적 난국의 상황이 펼쳐지는 경우가 많다. 그런 점에서 글을 잘 쓰면 작사도 잘할 수 있냐고 묻는다면 제법 도움이 되긴 하겠지만 절대적이지는 않다고 대답할 수밖에 없다.

일반 글과 달리 가사를 쓰는 데 주어지는 제약들 List

1. 촉박한 마감 시간

평균 2-3일, 짧으면 하루도 빈번하다.

2. 멜로디와 한 치의 오차 없이 잘 비벼져야 함

아무리 글이 좋아도 멜로디와 어울리지 않으면 수정하거나 버려야 한다.

3. 가수의 캐릭터에 어울리게 써야 함

결국 가사는 가수의 입으로 불려지는 글이기 때문에 그 가수가 할 법한 이야기를 가사로 써야 한다.

4. 가수의 연령대도 신경 써야 함

의뢰받는 곡들의 가수 연령대는 10대에서 40대까지 다양한 편인데 연령별로 쓰는 언어에도 차이가 있기 때문에 콘셉트나 단어 선택 시 연령을 고려해야 한다.

5. 콘셉트나 주제가 주어지는 경우가 많아서 거기에 맞춰야 함

앨범 콘셉트를 미리 기획사에서 짜서 의뢰하는 경우도 있고, 세계관을 가사에 반영해 달라는 디렉션(지시사항)도 자주 받는 편인데 데모를 듣고 최대한 거기에 맞춰 가사를 써야 한다.

6. 앨범 발매 시기의 계절도 신경 써야 함

한여름에 나오는 곡인데 겨울 가사를 쓴다든지, 한겨울에 나오는 곡인데 여름 가사를 쓰는 것은 시기상 맞지 않으므로 최대한 앨범 발매 시기의 계절에 맞게 쓴다. 때로는 의뢰사항에 따라 아예 계절감을 배제하고 써야 한다.

7. 라임도 맞춰야 함

반복되는 멜로디에 맞춰 귀에 감기는 라임을 넣어 줘야 하는 것은 이제 더 이상 옵션이 아니라 기본이다. 그저 발음을 맞추는 데 그치지 않고 의미상으로도 말이 돼야 하고, 그 와중에 힙하게 해달라는 요구도 요즘 부쩍 늘고 있는 추세이다.

8. 대중들이 이해하기 쉬워야 함 혹은 이해하고 싶게 써야 함

한마디로 너무 어렵게 쓰면 안 된다는 뜻이다. 하지만 **팬덤***이 대단한 그룹이나 아티스트 같은 경우에는 한두 군데 정도 난해하고 어려운 단어들을 심어 두면 팬들이 자발적으로 다양한 해석을 하며 가사를 나름의 방식으로 즐기는 경우도 있기 때문에 상황에 따라 센스 있는 판단이 필요하다.

* **팬덤(fandom)** : 특정한 인물이나 분야를 열성적으로 좋아하는 사람들 또는 그러한 문화현상

글을 잘 쓰는 사람들이 작사에서 누릴 수 있는 장점

작사를 처음 배우는 사람들에게는 첫 시간부터 무작정 가사를 쓰게 하지 않고 특정 주제를 준 후 A4 한 장 분량의 에세이 과제를 통해 본인이 가지고 있는 장단점을 우선 들여다보게 한다. 글을 많이 다뤄 본 사람들은 보통 이상의 수준으로 과제를 소화하지만 글을 쓸 때 드러나는 장단점이 대부분 가사를 쓸 때 더 도드라지게 드러나기 때문에 가사를 쓰기 전에 한 가지 주제로 짧은 글을 써 보는 연습을 하면 도움이 된다.

글을 잘 쓰는 사람들이 가지고 있는 장점을 세 가지로 요약하면 구성력, 표현력, 어휘력이다. 이 세 가지는 가사를 쓸 때에도 꼭 필요하다. 글을 많이 써 본 사람들은 장점들이 가사에도 자연스럽게 배어 나와서 새삼스레 글쓰기 기초 훈련을 하는 수고를 면할 수 있다.

1. 구성력 : 기승전결에 맞게 벌스, 프리코러스, 브릿지, 코러스에 들어가야 할 내용들을 알맞게 배치하는 능력

2. 표현력 : 보편적인 공감대를 형성할 수 있는 상황이나 감정을 신선한 단어로 묘사하는 능력

3. 어휘력 : 비슷한 의미를 가진 다양한 단어들을 적절히 조합, 배열해서 쓸 수 있는 능력, 한국어랑 영어를 섞어 쓰는 것이 요즘 가사의 트렌드이므로 가사에 활용할 수 있는 영어단어나 구문을 많이 알아 두는 것도 도움이 된다.

글을 잘 쓰는 사람들이 작사에서 저지르기 쉬운 실수

가사는 듣는 글이므로 직관적으로 이해하기 힘들면 안 된다. 작사가나 지망생들에게는 가사를 일일이 찾아서 분석하고 공부하는 것이 보편적이지만 대중들은 엄청난 팬이 아니면 보통 가사를 흘려듣고 만다. 그러므로 표현이 난해하거나 문학적이면 조금 곤란한 경우가 있다. 그렇다고 뻔하고 식상한 표현만 늘어놓아서도 안 된다. 새롭고 재미있는 표현과 문학적인 표현 사이에서 줄타기하며 선을 잘 지켜 나가는 것이 중요하다.

그런데 필자를 비롯한 전공자들은 처음에 선을 잘 못 지켜서 전공 과제인 시를 제출하는 느낌으로 어렵게 써 오는 경우가 꽤 많다. 나의 초기작들을 아직 그대로 간직하고 있는데 그때는 선택이 안 된 이유를 이해하기 어려웠지만 지금 보면 충분히 이해가 된다. 멜로디에 비해 어휘의 무게가 묵직하거나 너무 많은 것을 한 곡에 담으려는 욕심을 부린 경우가 많았다.

자신의 장점인 필력이 드러나려면 높은 수준의 단어와 어휘를 첨가해야 할 것 같고, 쉽게 읽혀 버리면 왠지 좋은 가사가 아닌 것 같은 착각을 할 수 있다. 나 역시 처음에 이런 시행착오를 수없이 겪었다. 쉽게 읽힌다고 해서 결코 쉽게 쓰인 게 아니라는 점을 꼭 알고 시작했으면 좋겠다. 머릿속에 있는 복잡한 생각들을 짧은 가사로 단순, 정확, 명료하게 정리하는 것이 어찌 보면 더 어렵다. 그래서 글쓰기 능력이 이미 출중한 지망생들에게는 일반 글을 쓰는 나와 작사를 하는 나를 분리해서 생각하면 작업하는 데 훨씬 수월할 거라고 조언하곤 한다.

세상에 나오는 곡들의 가사를 살펴보면 지나치게 어려운 수준의 어휘나 한두 번 읽어도 이해가 잘 되지 않는 문장들로 빼곡한 가사들은 찾기 힘들다. 어쩌면 작사가에게 있어서 필력이 좋다는 말의 의미는 어려운 단어들을 이용해 멋져 보이는 난해한 문장을 쓸 수 있는 것이 아니라 평범하고 보편적인 단어들의 조합으로 일반인들이 전에 보지 못했거나 생각하지 못한 새로운 표현들을 찾아내는 것에 가깝다. 그런 표현들을 가사에서 만났을 때 대중들은 신선함을 느낀다. 꼭 남들이 잘 모르는 단어를 써야만 가사가 신선해지는 것은 결코 아니다.

글도 그렇지만 가사도 강약 조절이 필요하다. 힘을 줄 수 있는 곳에는 최대한 힘을 주고, 멜로디의 흐름상 흘려 써야 하는 곳은 최대한 힘을 빼 줘야 한다. 힘을 빼야 하는 곳조차 묵직한 단어들로 채우면 숨 쉴 수 있는 공간이 없어져서 가사가 답답해진다.

보통 멜로디의 흐름상 힘을 줘야 하는 부분은 벌스나 브릿지이고, 힘을 빼 줘야 하는 부분은 코러스인 경우가 많다. 물론 언제나 그렇듯 예외적인 데모도 있다. 인물이나 배경 상황에 대한 묘사가 나오는 벌스에서는 자신이 가지고 있는 필력으로 힘을 주고, 이야기의 진행보다는 귀에 꽂히도록 쓰는 게 더 중요한 코러스에서는 조금 힘을 빼 주는 강약 조절이 가사에서도 필요하다. 부분에 따라 조금 힘을 빼 주는 연습, 문장들과 단어들 사이로 공기가 통하게 조금 덜어 내는 연습이 오히려 가사를 처음 쓰기 시작한 전공자들이나 글쓰기 능력자들에게는 필요하다.

이 곡이 좋은 예시가 될 것 같아 골라 봤다.

독보적 명품보컬 정인과 김범수가 함께 가사를 쓰고, 〈유희열의 스케치북〉에서 정인이 직접 리메이크해서 화제가 됐던 김범수의 〈와르르〉라는 곡이다. 사실 이 가사는 제목에서 이미 승부가 끝났다. 《그니까 작사가 뭐냐면》에서 제목의 중요성에 대해 충분히 언급하고 설명했듯이 이별 후 무너지는 마음을 '와르르'라는 한 단어로 표현한 제목을 보자마자 너무 좋아서 와르르 무너졌다. 작사를 해 본 경험이 있다면 공감할 것이다. 이런 명품 제목이 떠오르는 행운의 순간은 흔치 않다. 호기심을 자극함과 동시에 가사에서 표현하고자 하는 감정을 대표하는 핵심 단어이다. '와르르'라는 익

와르르

노래: 김범수

verse1)

밤이 깊어가

하루 종일 애써 꾹꾹 눌러 참다

떠오는 너의 얼굴에

다시 난 무너진다

chorus)

또 와르르 난 와르르

무엇도 할 수가 없어

이 눈물이 흐르고 흘러

니 맘을 어르는 되돌리는

기적이 내게 온다면

꼭 한 번만 두 눈에 널 담기를

verse2)

아마 없겠지

니 맘을 돌리는 그런 행운 따윈

아무것도 할 수 없어

너로 나 살았었기에

chorus)

또 와르르 난 와르르

무엇도 할 수가 없어

이 눈물이 흐르고 흘러

니 맘을 어르는 되돌리는

기적이 내게 온다면

꼭 한 번만 두 눈에

널 한 번만 내 품에

온종일 파르르 떨고 있는

내가 나도 참 낯설어

또 와르르 니가 쏟아진다

또 와르르 내가 무너진다

숙한 단어로 이별의 감정을 신선하게 표현한 좋은 제목의 대표적인
예이다.

곡의 구성도 단순하고, 문장들도 단순해 보이지만 화려하고 난
해한 단어로 굳이 치장하지 않아도 전달하고자 하는 감정과 메시
지가 고스란히 느껴지는 가사이다. 이렇게 가사를 쓰기가 사실 더
어렵다. 가사 분량도 얼마 되지 않아서 한정된 공간 안에 무너지는
이별의 감정을 함축적으로 담으려면 높은 수준의 구성력이 필요
한데 작사가의 시선으로 봐도 놀랄 만큼 짜임새 있다. 대중들의 입
에 오르내리는 좋은 가사는 이렇듯 복잡한 감정을 단순명료한 핵
심 키워드로 정리한 경우가 꽤 많다.

'니 맘을 돌리는 그런 행운 따윈'이라는 구절도 이별을 당한 입
장에서 마지막까지 놓을 수 없는 희망의 끈을 표현하고 있어서 인
상적이다. 마지막 부분의 '또 와르르 니가 쏟아진다', '또 와르르 내
가 무너진다'의 가사도 대구의 형태로 감정과 상황을 정리해 주면
서 구성상으로도 끝까지 긴장감을 유지하며 깔끔하게 마무리하고
있다.

글쓰기 스킬이 부족한 지망생들이
작사를 위해서 할 수 있는 것들

1. 짧은 호흡의 시나 에세이 읽고 필사하기

짧은 분량의 단편 에세이들은 보통 한 가지 주제에 대해 집중적으로 이야기를 풀어 놓는 경우가 많다. 그런 단편집을 찾아서 한 가지 생각을 짧은 글로 풀어내는 방식에 대해 공부하기를 권한다. 다만 책을 고를 때 발간된 지 너무 오래된 것보다는 최근작 중에서 찾기를 추천한다. 작사도 적당한 트렌디함이 필요한 분야이기 때문에 이왕이면 문학작품도 트렌디한 것들이 도움이 된다.

그저 에세이를 읽는 것이 아니라 좋은 표현에 밑줄을 긋고, 똑같이 따라 써 보며 연습하자. 나중에 가사를 쓸 때 영감을 얻는 데 좋은 재료가 될 것이다.

필자의 추천 책

김이나 《보통의 언어들(나를 숨 쉬게 하는)》

심현보 《가볍게 안는다》

안규철 《사물의 뒷모습》

박준 《운다고 달라지는 일은 아무것도 없겠지만》

이미예 《달러구트 꿈 백화점》 → 에세이 장르는 아니지만 판타지한 느낌의

신선하고 흥미로운 묘사의 표현법을 배울 수 있다.

2. 특정 주제를 정해서 A4 한 장 분량으로 글을 써 보기

글을 써 본 경험이 별로 없는 지망생들에게 많이 추천하는 방법이다. 가사의 주제가 될 법한 내용들을 스스로 정해서 A4 한 장 분량으로 써 본다. 한 가지 주제를 짧은 분량에 맞춰 짜임새 있게 쓰려면 구성력이 필요하다. 또한 읽는 사람에게 공감을 끌어내려면 적절한 어휘가 사용돼야 하므로 어휘력도 필요하다. 한 장 분량으로 글을 써 보는 것은 구성력과 어휘력을 향상시키는 데 많은 도움이 된다. 어떤 주제로 글쓰기를 시작해야 좋을지 막연한 사람들을 위해 필자가 작사가 지망생들에게 과제로 내는 주제를 공유한다.

① 나의 하루

② 사랑에 관한 짧은 글

③ 여행

④ 꿈

보기엔 단순해 보이지만 대중가요 가사의 주제들은 보통 저 안에 거의 포함된다. 대중가요 가사의 단골 주제들을 평소에 일기를 쓰는 것처럼 혹은 가사의 밑그림을 그리는 것처럼 꾸준히 한 장 분량의 에세이로 적어 둔다면 비슷한 느낌의 가사를 쓰게 됐을 때 든든한 레시피가 될 것이다.

앞에서 언급한 4가지 주제별로 필자가 쓴 가사 형태의 글을 참고 삼아 읽어 보고 함께 연습해 보자.

1. 나의 하루

끝을 알 수 없는 코로나 시대에서 보내는 하루의 답답함을 'Gray days'라는 제목으로 표현해 보았다. 갑갑하지만 그런대로 살아지는, 살다 보니 또 익숙해지는 이 상황마저 우울한 감정을 무겁지 않은 담담한 터치로 그려 보았다.

Gray days

잿빛하늘 회색빌딩 틈	소나기라도 한바탕 쏟아져 내려주길
걸린 구름마저 먹색으로 물든 오후	속이 좀 답답해서 말야
거릴 채운 무채색빛 톤	Across the gray
자동차들의 한숨 같은 뿌연 연기	
흐린 눈으로 저마다의 길을	요즘의 난
재촉한 사람들	뭐 그런대로 괜찮아
회색 폰으로 확인한 우울한 뉴스	멍하지만
뭐 세상 일이 다 그렇지	생각보다 나쁘지 않아
	마스크 속에
꿈마저 색깔도 없이 꾼 듯한 매일매일	희미하게 찍힌 말줄임표
왜 그날이 또 그날 같아	나를 적당히 감추고 사는 게 편해

있는 듯 없는 듯이 섞여

꿈마저 색깔도 없이 꾼 듯한 매일매일
왜 그날이 또 그날 같아
소나기라도 한바탕 쏟아져 내려주길
속이 좀 답답해서 말야
Across the gray

먼지가 쌓인 것처럼 희뿌연 머릿속도

잠시 놔두면 가라앉아
숨 한번 크게 들이마시려고 창을 열어
그냥 좀 갑갑해서 말야
Across the gray

요즘의 난
뭐 그런대로 괜찮아
멍하지만
생각보다 나쁘지 않아

예시처럼 본인이 하루의 일상에서 느낀 감정을 색깔과 연결지어 제목을 짓고, 떠오르는 이미지와 아이디어로 가사 형식의 에세이를 한 편 완성해 보자.

① Purple

② White

③ Black

④ Yellow

2. 사랑에 관한 짧은 글

케이크나 마카롱같이 예쁘고 달달한 디저트류는 가사의 단골 소재이다. 주로 설렘의 감정을 표현할 때 많이 쓰인다. 자주 쓰이는 만큼 디저트와 사랑의 감정을 연결시킬 수 있는 나만의 아이디어를 에세이 형식으로 메모해 두면 나중에 좋은 레시피가 된다. 너와의 첫 데이트 혹은 너와 보내는 하루는 상자 속 케이크처럼 열기 전부터 기대된다는 설레는 감정을 표현한 필자의 짧은 글이다.

Cake

베이커리 쇼윈도 앞
고민에 빠지는 순간에
새하얀 Whip cream처럼
녹아든 설레임에
입안 가득 퍼진 너의 이름 두 글자

어떤 맛일까 오늘 하룬
밤새 참았다가 리본을 풀어 봐
아마 레몬쉬폰처럼 촉촉한 Tasty
날 부른 네 입술에 살며시 Chu

수플레 cake처럼 폭신해
내 품 안의 넌
바람맛도 바닐라

모든 순간이 Cake 기대하게 돼
둘만 아는 Taste

달달한 너의 숨결에
시간이 다 녹아
눈으로만 봐도 Smile
예뻐서 먹기 아까운 걸

매일이 상자 속 Cake
꺼내기 전 벌써 난 짜릿해
어떤 좋은 일이 들어 있을까 날 기다릴까
한입 베어 문 Cheese cake처럼
 so sweet
너와의 Date

파스텔빛 초를 불며
매년 빌어왔던 소원들로 그린
파스텔빛 감정들이 펼쳐져
내 소원은 바로 너였었어
달콤한 기억 한 조각 함께 나눠

황홀한 눈빛 Powder 한스푼 뿌려
Chou cream 같은
부드러운 손길 내 맘에
널 레터링해 So much love you
쇼콜라 Cake처럼 아찔해
네 향기는 음
자꾸 끌어 당겨 날

모든 순간이 Cake 기대하게 돼
둘만 아는 Taste
달달한 너의 숨결에 시간이 다 녹아
눈으로만 봐도 Smile
예뻐서 먹기 아까운 걸
매일이 상자 속 Cake 꺼내기 전
벌써 난 짜릿해
어떤 좋은 일이 들어 있을까

날 기다릴까
한입 베어 문 Cheese cake처럼
so sweet
너와의 Date

가끔은 걱정이 돼 네게 기운 맘이
중심을 잃고 비틀 너를 밀어 삐끗
부서질까 조심조심 맘 다칠까 조심조심
너만 보면 조바심 나

너와의 하룬 Cake 특별한 Our day
기분 좋게 해
색다른 너의 매력에 지루할 틈 없어
널 알수록 빠져 More
묘하게 자꾸 끌리는 맛

예시처럼 디저트와 설렘의 감정을 연결시켜 가사 형태의 에세이
한 편을 완성해 보자.

① 마카롱

② 젤리

③ 아이스크림

④ 민트초코

작사가 지망생 시절에 시소를 주제로 메모해 둔 가사 형태의 에세이를 공유한다. 이별 앞에 놓인 어떤 여자의 마음을 시소에 비유한 글이다. 시소를 타며 텅 빈 놀이터에서 놀다가 누군가를 사랑할 때 마주 보고는 있지만 마음의 무게가 늘 같을 수는 없어서 삐걱거리게 되고 공허함을 느끼게 되는 감정이 어쩌면 시소와 닮은 듯해서 적었다. 아직 가사로 활용할 기회가 없어서 오랫동안 컴퓨터 하드에 킵(?) 해 두었지만 언젠가 적절한 데모를 만나면 활용해 보고 싶다.

시소

항상 같은 무게로 서롤 사랑할 순 없는 거라고
괜찮다고 한숨처럼 말하곤 했지만
왠지 조금씩 어긋났던
마음의 무게를 굳이
맞춰 갈 필요 없다 믿었지만
얼마나 많은 것들로 나를 채워야
네게 맞춰 줄 수 있는 건지
너무 힘이 든다 했던 너와 나의 맘을
모두 떠안은 채 가라앉는다
나의 먼 길 같은 일생이
너와의 작은 일상들로만
채워지길 원한 내 바램들이
그리도 무거웠나 너처럼 나도 날아오를까
두 손에 꼭 쥔 너를 놓으면 가벼워질까
마주 볼 수 있음에 그저 행복하단 나의 말에
너는 한참이나 말이 없던

그날의 찬 공기와
떠나간 그 자리 그새 무거워진 그리움
너의 빈자릴 대신해 혼자서 맞는 바람
얼마나 많은 것들로 나를 채워야
네게 맞춰 줄 수 있는 건지
항상 미안해만 했던 너와 나의 맘을
끌어안은 채 주저앉고 만다
나의 먼 길 같은 일생이
너의 작은 일상들로만
채워지길 원한 내 바램들이
그리도 무거웠나 너처럼 나도 날아오를까
두 손에 꼭 쥔 너를 놓으면 가벼워질까

예시처럼 놀이터에 있는 것들을 키워드로 활용해 사랑이나 이별의 감정을 표현해 보자.

① 모래

② 벤치

예시처럼 놀이터에 있는 것들을 키워드로 활용해 사랑이나 이별의 감정을 표현해 보자.

③ 그네

④ 미끄럼틀

가사 형태의 에세이로 아이디어를 메모해 두면 나중에 잘 어울리는 데모를 만났을 때 빛을 발한다. 멜로디와 음절수에 맞게 문장들을 재단해서 끼워 넣으면 비교적 짧은 시간 안에 수월하게 가사 한 편을 완성할 수 있기 때문이다.

<롱디 연애>

작사가 지망생 시절 하와이 호텔과 비행기를 예약하는 과정에서 시차를 계산하며 문득 떠오른 아이디어로 쓴 에세이다. 유학이라든지 해외파견 근무로 장거리 연애를 하는 연인들은 시차가 안 맞아서 서로 다른 낮과 밤을 공유하며 애틋하기도 하고, 많이 외롭고 지치겠구나 하는 생각에서 비롯됐다. 이 에세이 역시 아직 활용할 기회가 없어 킵해 둔 것인데 언젠간 가사로 꼭 써 보고 싶다.

밤하늘에 굿모닝

지금의 반짝이는 별빛을 넌 볼 수 없겠지
나에게 오늘 밤은 니가 맞을 아침일 테니
우리의 시간들은 늘 하루씩 멀어져 갈까
붙잡고 싶었지만 떠난 너처럼

니가 쓴 메일들을 외우도록 읽고 읽어도
나 없는 먼 곳에서 너의 생활 많이 낯설어
거리의 다투고 있는 연인들조차 부러워
혼자도 아닌 둘도 아닌 나니까

까만 밤하늘에 굿모닝
홀로 깬 아침이 외롭단 너에게
너를 맞을 파란 하늘 속에 전해 주고픈
마음 가득 안고 싶은 내 맘 기억해 줘

널 보낸 밤하늘에 굿모닝
아직 차가운 밤공기 너머
지도에 있는 널 담은 엄지 손톱만한 그곳
두 손 모아 가만히 감싸곤 해
니가 따뜻해지게

조금씩 뜸해지는 너의 소식 서운해질쯤
조금씩 담담해진 나의 모습 왠지 서글퍼
미안한 마음들이 어느 사이 사소해져도
그리워할 수 있는 니가 있어 좋아

까만 밤하늘에 굿모닝
늘 같은 순간을 그릴 순 없겠지
아직은 모른 척 할래 좀 달라진 우리
너 없이도 괜찮은 날 잠시 그냥 둘래

너 없는 밤하늘에 굿모닝
들리지 않을 바램이지만
우리 앞에 놓인 시간의 경계만큼 멀어져서
너를 잃을까 지샌 밤은 안녕히

까만 밤하늘에 굿모닝
홀로 깬 아침이 외롭단 너에게
너를 맞을 파란 하늘 속에 전해 주고픈
마음 가득 안고 싶은 내 맘 기억해 줘

널 보낸 밤하늘에 굿모닝
아직 차가운 밤공기 너머
지도에 있는 널 담은 엄지 손톱만한 그곳
두 손 모아 가만히 감싸곤 해
니가 따뜻해지게

물리적 거리로 멀리 떨어져 있는 친구나 연인을 떠올려 보며 제시된 다음의 키워드로 가사 형태의 에세이 한 편을 완성해 보자.

① AM PM

② 시차

③ 영상통화

④ 사진

3. 여행

이 글은 꽤 오래 전 한 대형기획사에서 의뢰받은 LA라는 도시를 주제로 한 데모의 가사를 위한 밑그림이었는데 일부 가사가 컨펌이 돼 1차 수정까지 갔다가 아쉽게 앨범 발매 자체가 무산돼 세상에 나올 수 없게 됐다. 하지만 이렇게라도 책에서 공유할 수 있어서 다행이다.

Dear. LA

나를 이끄는 Los Angeles
바람마저도 눈부신 곳
반짝반짝거리는
저 하늘과 니 눈동자

외딴 별의 여행자처럼 영화 속의 주인공처럼
꿈을 걷는 시간들, 너와 함께 oh

따사론 공기 천사의 숨결
끝없는 바다 쉼 없는 노래
화려한 거리의 니 웃음소리
둘이서 숨기엔 완벽한 천국

미로의 Los Angeles
길을 잃어도 좋아
지도 위 Los Angeles
길을 그리며 걸어

너로 이 도시가 물들어
낯선 감정들이 펼쳐져
잡힐듯 말듯하게 일렁이는 Love

따사론 공기 천사의 숨결
끝없는 바다 쉼 없는 노래
화려한 거리의 니 웃음소리
둘이서 숨기엔 완벽한 천국

반대편 세상은 이대로
잊기로 해
끝없는 여행을 시작해
in Los Angeles

반대편 세상은 이대로
잊기로 해
끝없는 여행을 시작해
in Los Angeles

여행 하면 떠오르는 다음 단어들을 주제로 짧은 에세이를 완성해
보자.

① Airplane mode

② 뉴욕

③ 공항

④ 세계지도

4. 꿈

꿈 역시 십대 아이돌 가사에 단골로 등장하는 단어이다. 꿈을 이루어 가는 과정 중에 놓인 그들에게 알맞는 주제이기 때문이다. 꿈에 관련된 가사가 뻔하지 않으려면 어떻게 풀어내는 게 좋을지 고민하며 메모하듯 적어 본 가사 형태의 에세이다.

Metaverse

지문 속에 새겨진 지도 속
감춰진 나의 Secret world
내 작은 방에 처박혀서
불규칙한 벽지 위에 그렸던 공상들이
이제 나의 현실이 돼
내가 곧 Rule이 돼
다 내 손끝에
지루했던 현실을 재구성해 싹 다
움츠린 난 깨버려 다, 이제부턴 달라
지금 Fantasy 속을 걸어

펼쳐지는 Brand new life
시작과 끝을 알 수 없는
시간 위에 그린 미로 출구에 내가 있어
문을 열고 나간 그 순간
내 손끝에 창조된 세계
혼자만의 외롭던 독백이
이젠 두 눈앞의 현실로 피어나
영원히 사라지지 않을 나의 세상이 됐어
지문 속에 새겨진 지도 속(Find it find it)
감춘 빛에 물든 My new world

꿈 하면 떠오르는 다음 키워드를 주제로 가사의 밑그림이 될 에세이를 적어 보자.

① 자아

② 롤모델

③ **Blueprint**

④ **Plan B**

Level 5

덕질과 작사 능력의 상관관계

덕질이 필요한 순간

덕질의 사전적 의미는 '자신이 좋아하는 분야에 심취해 그와 관련된 것들을 모으거나 찾아보는 행위'를 이른다. 시간과 돈을 들여 아이돌을 덕질하는 사람들을 그리 좋지 않게 보는 시선도 있을 수 있지만 작사계에서 만큼은 유리한 면이 꽤 많다.

나는 한 아티스트를 특별히 덕질하고 있지는 않지만 평소에 호감이 있던 아티스트의 곡을 의뢰받으면 왠지 가사를 더 열심히 쓰고 싶어진다. 그 아티스트가 내 가사를 불러 주는 것을 상상만 해도 매우 짜릿하기 때문이다. 얼마 전에 발매된 슈퍼주니어의 10집 앨범 1번 트랙 〈SUPER〉를 작업할 때는 슈퍼주니어 김희철의 팬인 베프와 우리 집 둘째 꼬마를 떠올리며 정말 열심히 썼다. '내가 슈퍼주니어 곡을 작사하게 되면 이 친구들이 얼마나 좋아할까? 일이 잘 돼서 사인 CD를 받아 선물해 주고 싶다'는 생각을 하니 자연스레 평소보다 더 신중한 자세로 작업에 임하게 됐다. 다행히 결과가 좋아서 바람대로 우리 집 꼬마에게 슈퍼주니어의 친필 사인 CD를 선물할 수 있게 돼 보람 있었다.

딸과 내가 유일하게 찾아보는 아이돌 무대가 '더보이즈'이다. 더비(더보이즈 팬클럽)는 아니지만 엠넷에서 방영된 〈로드 투 킹덤〉에서의 무대가 너무 멋있어서 그때부터 조금씩 직캠을 찾아보며 감탄하곤 했다. 실력과 외모도 두말할 필요 없이 매우 훌륭하지만 자신들의 무대를 절실함과 간절함으로 열심히 채워 나가는 모습에 진심이 느껴져서 응원하는 마음으로 지켜봤는데 소속사를 통해 일본 정규 1집 앨범을 의뢰받게 된 것이다. '내 가사가 컨펌되면 이 멋진 팀이 내 가사를 불러 주는구나'라고 생각하니 저절로 열심히 쓰게 됐다. 다행히 운 좋게 아인슈타인이라는 가사가 일부 컨펌이 돼 작사 작업에 참여하게 됐다. 더보이즈의 〈하라메(Highlight Medley)〉 크레딧에 찍힌 내 이름을 보고 딸이 무척 기뻐했던 기억이 난다. 코로나가 잠잠해지고 더보이즈가 콘서트를 하게 되면 꼭 같이 가자고 약속했다. 콘서트 현장에서 내 가사가 포함된 노래를 들을 수 있다면 작사가로서 그것만큼 기쁘고 행복한 순간도 없을 것이다. 이렇듯 애정하는 아티스트의 곡을 의뢰받으면 평소보다 더 열심히 작업에 임하게 된다. 그러므로 덕질은 결론적으로 작사 능력에 긍정적인 영향을 미친다고 봐도 무방하다. 그렇다면 구체적으로 어떤 면에 도움이 되는지 이야기해 보겠다.

아이돌 팬이 작사에 유리한 이유

소속사를 통해 의뢰받는 곡의 80%가 K-POP 아이돌 곡이다. 가끔 트로트나 발라드 곡을 의뢰받기도 하지만 거의 대부분이라고 말해도 될 정도로 아이돌 곡의 비중이 압도적으로 높다. 그럼에도 불구하고 내가 만난 지망생들 중에는 아이돌 음악을 거의 듣지 않는 혹은 크게 관심이 없는 사람들이 제법 있었다. 이들에게는 지금부터라도 꾸준히 아이돌 히트 음반의 타이틀곡이라도 꼭 챙겨 들으며 공부하라고 충고한다. 왜냐하면 아티스트나 기획사의 성향에 대한 파악 없이 쓴 습작 가사를 보면 나름대로 열심히 한 흔적은 보이지만 가수의 콘셉트와 따로 놀아 컨펌이 힘들겠다 싶은 안타까운 경우가 많기 때문이다. 가사 자체의 퀄리티는 괜찮은데 이 가수와 기획사 특유의 분위기와 어울리는지 좀 더 고민해야 할 것 같다고 피드백 할 때가 가장 난감하다. 아무리 좋은 가사라도 아티스트와 기획사의 분위기에 어울리지 않으면 선택받을 확률이 낮아지기 때문이다.

반면 지망생들 중에는 아이돌 덕후도 많다. 덕질을 하다가 문득 가사도 써 보고 싶어져서 찾아온 사람들의 비중도 꽤 높은데 이들은 이미 거의 완벽하게 아이돌을 파악하고 있다. 그 아이돌의 세계관이 뭔지, 데뷔곡이 뭔지, 몇 장의 앨범을 발매했고 몇 장을 팔았는지, 어떤 역사를 가지고 있는지, 팬덤과는 어떤 관계를 유지하고 있는지, 심지어 아티스트의 개인사까지 줄줄이 다 꿰고 있다. 이들에게서 오히려 내가 배울 때도 많다.

나 같은 경우는 덕질까지는 못해도 어떤 아이돌 그룹의 곡을 의뢰받았을 때 데뷔곡은 뭐였는지, 이전 앨범들에서 어떤 분위기의 가사가 채택됐는지, 세계관은 무엇인지 정도는 찾아보곤 한다. 이는 그들에게 어울리는 가사를 쓰기 위한 최소한의 당연한 노력이라고 생각한다. 다만 마감 시간도 짧은데 조사나 분석까지 하려면 시간이 촉박해질 수밖에 없다. 하지만 아이돌 덕후들은 이런 걱정을 할 필요가 없다. 이미 머릿속에 모든 정보들이 들어 있으므로 바로 가사를 쓰면 된다. 모든 아이돌 덕후 지망생들이 가사를 완벽하게 써 오는 것은 아니지만 누구보다 그 아이돌을 많이 아는 덕후들의 가사를 보면 확실히 그럴듯한 가사를 제출하는 경우가 많다. 경험상 덕질은 분명히 아이돌 가사를 쓸 때 도움이 된다.

덕질을 작사 능력으로

아이돌 팬송을 심심치 않게 의뢰받곤 하는데 이때가 덕질이 작사력으로 빛을 발할 수 있는 찬스이다. 팬송에는 아이돌과 팬덤만이 아는 비밀 코드나, 같이 겪어 낸 혹은 견뎌 낸 일들이 비유적으로 가사에 녹여질 때가 많다. 나는 특별히 덕질을 하는 아이돌은 없어서 팬송이 들어올 때마다 온갖 자료를 뒤져 보느라 시간이 많이 들지만 아이돌 팬이 본인 가수의 팬송을 쓰게 된다면 이것이야말로 물 만난 물고기가 아닐까 싶다. 학생들 중에 아이돌 팬들이 꽤 많은데 **머글*** 신분인 나의 자료 조사로 다 알 수 없는 부분까지도 이미 섭렵하고 있어서 종종 자문을 구하곤 한다.

***머글:** 평범한 사람을 이르는 말. 영국 소설 <해리 포터 시리즈>에서 마법 능력이 없는 보통 인간을 이르는 말에서 비롯됐다. 여기서는 덕후가 아닌 일반 사람들을 의미한다.

가수와 기획사의 취향

우리나라를 대표하는 K-POP 관련 대형 연예기획사를 꼽으라면 누구나 SM, JYP, YG, HYBE(구 빅히트)를 떠올릴 것이다. 필자의 소속사에서도 이 회사들과 꾸준히 작사 작업을 해 오고 있지만 기획사별로 원하는 가사 스타일이 다르다. 예를 들어 SM에서 좋은 평가를 받은 가사 시안이 YG에서는 비슷한 평가를 받지 못할 가능성이 있다. 반대로 YG에서 컨펌을 받은 가사 시안이 JYP에서는 그렇지 못할 수도 있다. 기획사별로 추구하는 스타일과 특유의 분위기가 다 다르기 때문이다. 아이돌 덕후 지망생들은 굳이 따로 설명하지 않아도 이런 차이점마저 이미 다 파악하고 있다. 기획사와 가수의 취향을 정확하게 알고 있기 때문에 스타일이 맞지 않는 가사를 쓸 확률이 줄어든다. 훨씬 유리한 조건에서 작사를 시작할 수 있는 이유이다.

세계관

요즘은 기획사마다 혹은 그룹마다 세계관을 가지고 있는 경우가 있는데 이를 일반인, 소위 말하는 머글들이 해석하기는 쉽지 않다. 일반인이야 이해를 못해도 그만이지만 작사가들은 어느 정도는 알고 있어야 한다. 왜냐하면 가사 안에 세계관을 녹여달라는 기획사들의 주문이 꽤 많기 때문이다. 가사 쓰기도 힘든데 특유의 세계관까지 그 안에 녹여내려면 여간 머리 아픈 것이 아니다. 자칫 가사가 유치해지기도 하고 세계관을 잘못 해석해 버리면 엉뚱한 방향의 가사가 나올 수도 있기 때문이다. 이럴 때도 역시 아이돌 덕후들은 유리하다. 세계관은 보통 영화 〈반지의 제왕〉이나 〈어벤져스〉 혹은 〈해리포터〉의 축소판 같다고 생각한 적이 많은데 이런 스토리들을 이미 다 꿰고 작사를 시작할 수 있으므로 남들보다 한발 앞서 있다고 말할 수 있다.

1. 당신이 애정하는 아이돌은 누구인가?

2. 기획사의 분위기는 어떠한가?

3. 위 아이돌 곡들의 평소 가사 스타일은 어떤가? 스타일이 다양하다면 타이틀곡 위주로 적어 보자.

4. 특정 세계관을 가지고 있다면 무엇인가?

5. 위 아이돌 곡의 가사를 쓴다면 어떤 주제와 내용으로 쓰고 싶은가?

멘탈 관리 (Feat: 멘붕이 일상)

멘붕의 이유 오조오억 개

작사가나 작사가 지망생들에게 있어서 멘탈 관리는 어쩌면 작사 실력을 늘리는 것만큼이나 중요하다. 처음에 반짝 빛나는 실력을 보여 주던 지망생들이 중간에 하나둘씩 포기해 버리는 안타까운 경우를 종종 보는데 이는 멘탈 관리에 실패했을 가능성이 크다.

작사가에게 멘붕은 숨 쉬듯이 찾아온다. 사실 매일이 멘붕이다. 하루하루 크게 다르지 않은 잔잔한 일상 속에서 생명력 있게 꿈틀 거리는 신선한 가사 한 줄을 건져 올리는 게 말이 쉽지 어쩌면 불가능에 가까운 일이다. 작사를 위해서 외국으로 훌쩍 여행을 떠난다든지, 연애를 했다 말았다 한다든지 하는 것은 극소수의 작사가들만 누릴 수 있는 특권이지 필자를 포함해 대다수의 작사가들은 그저 모니터 앞에서 느낌적인 느낌으로 이별도 했다가, 사랑도 했다가, 멀리 떠나기도 했다가, 다시 팍팍한 현실로 돌아와야 하는 상황에 놓여 있다. 무에서 유를 창조해 낸다는 것 자체가 무리이므로 멘탈에 과부하가 걸리는 것은 당연하다. 그런데 힘들이지 않고 아무런 우여곡절 없이 해낼 수 있는 일 또한 이 세상엔 존재하지 않는다. 원하는 게 작사가가 되는 것이라면 멘붕이 왔을 때 그러려니 할 수 있는 마음의 여유를 가지려고 노력하는 것이 본인에게 편하다. 그럼 작사를 하다 멘붕이 오는 몇 가지 순간을 구분해 보고 적절한 대처법에 대해 이야기해 보겠다.

가사 속에서 길을 잃을 때

요즘은 스마트폰만 있다면 낯선 곳에 가서도 길을 잃을 위험이 거의 없는데 가사 속에서는 매일매일 길을 잃는다. 한 줄 겨우 쓰고 나면 다음 줄은 또 깜깜하다. 아마 '나는 누구? 여긴 어디?' 할 때가 많을 것이다. 가사가 산으로 가는 것을 막기 위해서는 우선 쓰기 전에 벌스, 프리코러스, 브릿지, 코러스 별로 주제에 맞게 무슨 내용을 채워 넣을지 간단하게 메모해 두면 최악의 상황은 면할 수 있다.

시작할 때는 분명히 사랑 노래 같았는데 끝은 이별로 마무리되는 습작 과제를 종종 보곤 한다. 왜 이렇게 쓰게 됐냐고 물어보면 대답은 백발백중 '쓰다 보니 어쩌다 그렇게 됐다'든지 '나도 모르겠다'이다. 표현이 조금 부족하거나 어색한 것, 글자수가 몇 개 틀린 경우 혹은 라임이 좀 안 맞는 건 부분 수정을 통해서 얼마든지 바꿀 수 있지만, 구성 자체가 엉망인 가사는 거의 새로 쓰는 수준으로 대공사를 해야 하기 때문에 애써 쓴 가사를 통째로 날려야 하는 안타까운 상황이 발생할 수 있다. 그러므로 처음 시작할 때 간단하게라도 계획을 짜 두면 도움이 된다. 이런 실수는 보통 구성력이 부족해서 오는 경우가 많으므로 의식적으로 구성을 탄탄하게 만들어 주는 연습을 해 보자.

가사가 산으로 갈 때 과감히 작업을 멈추고 구성을 다시 짜 보자. 각 구성별로 들어가야 하는 내용을 몇 줄이라도 메모해 두면 최악의 상황은 면할 수 있다.

① 제목:

② 벌스:

③ 프리코러스:

④ 코러스:

⑤ 브릿지:

⑥ 랩:

⑦ 코러스:

좋은 표현이 떠오르지 않을 때

나는 좋은 표현이 생각나지 않을 때 가사 쓰는 것을 잠시 멈추고 비슷한 분위기의 다른 노래들을 참고삼아 계속 듣거나 찾아보는 편이다. 비슷한 감정을 다른 작사가들은 어떻게 표현했는지 분석하다 보면 내 가사에서의 문제의 실마리가 조금씩 풀리는 경우가 있다. 가사 공부나 작업을 할 때 가장 좋은 교과서이자 참고서는 잘 쓰여진 다른 작사가들의 가사이다. 내 가사를 열심히 쓰는 것도 중요하지만 좋은 가사를 찾아 분석하고 공부하는 것을 게을리 하면 안 되는 이유이기도 하다.

지금 작업하고 있는 가수의 다른 히트곡을 찾아보거나 이미지나 곡의 주제가 비슷한 다른 가수의 곡들을 찾아보며 다른 사람들은 비슷한 감정과 주제를 어떤 방식으로 표현했는지 참고한다.

예를 들어 사랑을 롤러코스터에 비유한 가사를 쓰고 있다면 멜론 사이트에서 롤러코스터라는 제목을 가진 다른 곡의 가사들을

쭉 훑어보며 다른 작사가들은 롤러코스터라는 소재를 어떤 방식
으로 풀어냈는지 분석해 본다.

나만 못 쓰는 것 같을 때

작사가만큼 경력자 메리트가 거의 없는 직업도 없을 것 같다. 수백 대 일이 넘는 치열한 경쟁 속에서 선택받아야 하는 가사는 누구누구의 이름이 아닌 오직 제출된 현재 작품의 퀄리티만으로 승패가 갈리기 때문이다. 가사를 쓰는 건 초보자든 경력자든 어렵긴 마찬가지이다. 경력자라고 해서 멜로디를 듣는 순간 제목과 주제가 탁 떠오르고 술술 써지는 것은 결코 아니다. 초고 같은 경우는 누굴 보여 주기도 민망할 만큼 엉망인 경우도 종종 있다.

수정에 수정을 거듭해 간신히 괜찮은 퀄리티로 가사를 마무리해서 출품하면 그나마 최소한의 안도감과 성취감을 느낄 수 있지만 그렇지 못한 경우도 꽤 있다. 내가 2~3일 동안 붙잡고 있던 가사의 문제점들이 여전히 해결되지 않는 게 뻔히 보이지만 마감 시간 때문에 어중간한 퀄리티로 가사를 제출할 때도 있다. 솔직히 마감 시간이 하루이틀 더 주어진다고 해도 이 문제를 완벽히 해결할 수 있을 거란 확신도 없다. 마감 시간은 그저 만만한 평계거리일지도 모른다.

내게 있어서 가장 멘붕의 순간은 바로 이럴 때이다. 작사를 시작한 지 벌써 5, 6년째인데, 작사 법에 대한 책도 내고, 수많은 작사가 지망생들도 지도하고 있으면서 여전히 해결을 제대로 못하고 넘어가는 가사들이 있다니 스스로가 부끄러워지는 순간이다. 이럴 때는 내가 그동안 어떤 유명한 가수의 곡을 작업했든, 작사책을 몇 권을 팔았든, 그동안 애써 쌓아 놓은 프로필들은 스스로에게 있어서 존재감이 먼지처럼 한없이 작아진다. 그저 몇 시간 안에 제출해야 하는 이 작품을 제대로 마무리하지 못하고 있는 한심한 나만 돋보기로 들여다보듯 크게 부각이 되어 온종일 기분이 땅을 파고 지하로 들어간다.

힘들 때 누군가를 붙잡고 상담하거나 타인을 통해 해결책을 찾는 스타일은 아니지만 종종 경력이 비슷한 동료 작사가들을 만나거나 톡으로 잡담을 나눈다.

'나는 똥멍청이인가 봐. 그 곡 엉망으로 내버렸어. 내가 생각해도 쪽팔리고 얼굴이 화끈거려.'라고 하소연하듯 털어놓는다.

그러면 이내 줄줄이 답톡들이 따라 붙는다.

'나도 그 곡 너무 어려웠어, 제출도 못 했어. 매번 너무 어려워. 나중에 앨범 발매되면 꼭 정답을 보고 싶어.'

내가 했던 생각을 마치 그대로 복붙한 듯한 동료들의 톡을 보고

있으면 '나만 힘든 게 아니었구나'라는 생각에 조금은 자책을 덜하
게 된다. 가사는 대부분 혼자 하는 작업이기 때문에 동료들과 소통
하지 않으면 빠져나오기 힘든 자책과 우울의 외딴 섬에 갇힐 수 있
다. 시작 시기가 비슷하거나 경력이 비슷한 작사가 동료들 혹은 지
망생 동료들 몇 명과 가끔씩이라도 소통하며 지내면 나만 힘든 것
같은 불안한 생각이 들 때 정말 큰 도움이 된다. 내 곁에 그런 동료
들이 있다는 것이 새삼스레 감사하게 느껴진다.

　작사 커뮤니티나 소속사 혹은 학원에서 만난 마음 맞는 동료들
과 꾸준히 모임을 갖고 소통하자!

TMI

책 작업과 데모 작업을 동시에 마무리하고 있던 얼마 전 친한 작사가 동생이 생
일도 아니고 아무 날도 아닌데, 피곤하고 힘들다고 말했던 적도 없는데 스타벅스
아이스 아메리카노 쿠폰과 함께 '그냥'이라는 톡을 보냈다. 같은 일을 하는 동료끼
리는 굳이 구구절절 말하지 않아도 서로 다 안다. 어떤 시점에 멘탈이 탈탈 털리
고 있을지, 끙끙 앓고 있을지. 작사가 동생이 보내 준 쿠폰으로 마시는 아이스 아메
리카노는 참 따뜻했더랬다. 책 작업이 끝나면 오랜만에 우리 멤버들 다 모여서
간만에 맛있는 거 먹으면서 홀가분하게 수다나 떨어야겠다.

앞이 캄캄할 때

다른 분야 종사자들도 그런지 모르겠지만 작사만큼 한치 앞을 알 수 없는 분야도 없을 것 같다. '이젠 좀 안심이구나 이만하면 됐다' 하는 기분은 언제쯤 느낄 수 있는지…. 처음보다 분명히 상황이 좋아진 건 맞지만 여전히 부족한 것 투성이고, 갈 길이 멀어 보이고, 해도 해도 끝이 없는 답답한 미로 속에 갇힌 기분이 들 때가 종종 있다. 아니 사실 거의 매일이 그렇다. 유난히 앞이 안 보이는 기분이 들 때는 경험상 크게 세 가지로 나눌 수 있다.

<데뷔 전>

심적으로 가장 힘든 때인 것 같다. 아직 작사가 지망생 딱지를 떼지 못한 채로 시간만 흘러가는 느낌이 들어 '내가 지금 여기서 뭐 하는 건가' 스스로 한심한 생각이 제일 많이 들었던 시기였다. 멜론에서 매일 오후 6시에 발표되는 수많은 신곡들을 볼 때마다 '서울 아파트만큼이나 수많은 곡들 중에서 내 곡은 하나도 없구나'라는 상대적 박탈감을 많이 느끼는 시기이다. 주변의 시선도 은근 의식하게 된다. '너 작사 배우러 다닌다며 네 곡은 도대체 언제 나오냐?'라는 빈정거림도 애써 웃어넘겨야 했다. '이 엄청나게 치열한 경쟁 속에서 데뷔라는 게 가능하긴 한 건가? 괜히 작사한다고 설쳤나?' 이런 생각을 안 하고 잠든 적이 하루도 없었던 것 같다.

가끔씩 수강생들이나 지망생들이 내게 고민 상담을 요청할 때가 있는데 대부분 이런 주제이다. 내가 만약에 빠른 시간 안에 쉽게 데뷔하고 별 우여곡절을 겪지 않았다면 그들의 고민을 이해할 수도, 딱히 해 줄 말도 없었겠지만 세상에 쓸모없는 경험은 없는 건가 싶게 생각과 한숨이 많았던 예전의 나를 보는 것 같아서 상담을 요청하는 분들에게 진심으로 성의껏 답변하곤 한다.

작사에 대한 마음이 진심이라면 자신을 믿고, 될 때까지 후회 없이 최선을 다해 보라고. 본인이 생각해도 정말 후회 없이 최선을 다했다면 잘 안 될래야 안 될 수 없을 거라고 말한다. 너무 뻔해서 시시할 수도 있겠지만 이것 말고는 나는 다른 뾰족한 답을 여전히 알지 못한다. 경쟁이 아무리 치열해도 계속 시도하다 보면 한 번은 주인공 자리를 내가 차지하게 되는 기적 같은 일이 생긴다. 한번 그 자리를 거머쥔 에너지가 또 한 번, 그 다음 한 번도 있게 하는 든든한 경험치가 되어 준다. 주변을 봐도 시기는 다 다르지만 열심히 한 친구들에게는 언젠가 반드시 빛을 보는 시기가 온다. 힘들고 지치는 일인 걸 너무 잘 알지만 작사가가 최종 목표가 맞다면 자신을 믿고 버텨 보길 바란다. 나이도 적지 않고 애도 둘이나 있는 나 같은 사람도 나름대로 해 나가고 있는데 이 책을 읽고 있는 여러분은 당연히 나보다 더 잘 해낼 수 있다!

나를 돌아보는 시간을 가져 보자.

1. 작사가 지망생으로서 지금 가장 힘든 점은 무엇인가?

2. 작사가 지망생으로서 꿈을 이루기 위해 내가 노력하고 있는 점은 무엇인가?

3. 그동안의 자신을 돌아보며 부족했던 점은 없었는지 체크해 보자.

TMI

데뷔 전에 가장 많이 했던 착각은 '작사가는 인맥 없이 되기 힘든 거 아닐까?' 라는 점이었다. 인맥이 있다면 당연히 나쁠 건 없다. 하지만 인맥 면에서는 거의 흙수저인 내가 데뷔도 하고 괜찮은 프로필도 쌓아 오고, 작사책도 집필하고 있는 것을 보면 인맥보다는 나와 잘 맞는 좋은 회사를 고르는 안목과 본인의 꾸준한 노력이 더 중요하다고 생각한다.

<작가 계약 전>

이때는 데뷔도 하고 자기 이름을 붙이고 나온 곡도 두어 개는 있지만 지망생과 정식 작사가 사이의 어정쩡한 위치에 있다는 기분에 안정감이 느껴지지 않는다. 인간의 생물학적 성장기에 비유하자면 사춘기 시기이다. 어른도 아이도 아닌 시기의 사춘기처럼 지망생도 정식 작가도 아닌 애매한 위치의 초라한 존재감을 버텨 내야 하는 시기이다. 데뷔만 하면 인생이 크게 달라지고 그나마 숨통이 트일 것 같았는데 생각보다 크게 달라지는 것도 없고 짜릿했던 기분도 그리 오래 가지 못한다. 저작권협회에 등록도 했지만 수입 역시 아직 신통치가 않다. 여러모로 기대했던 것에 비해 딱히 달라진 건 없다. 그저 내 곡이 한두 개 있는 데뷔한 지망생으로 다시 돌아간 기분이다. 그렇다고 이제 와서 다 그만두고 포기하기에는 지금까지 공들여 나온 몇 개의 곡들이 아깝게 느껴진다. 작사가 계약이라는 고지가 멀지 않은 듯 느껴지지만 정확한 시기는 알 수가 없다.

그저 이때는 데뷔라도 한 자신을 뿌듯하게 여기려고 애쓰며 열심히 버티는 수밖에 없다. 분명 같이 시작한 사람들 중에 데뷔라도 한 사람은 나를 포함해 대다수는 아닐 것이기 때문에 첫 관문을 무사히 통과한 자신을 자랑스럽게 여겼으면 좋겠다.

자기 자신을 자랑스럽게 생각하자.

1. 데뷔곡은 무엇인가?

2. 본인이 쓴 가사 중에 가장 마음에 드는 한 줄은?

3. 앞으로 같이 작업해 보고 싶은 뮤지션은?

<작사가가 된 후>

컨펌을 받아 발매된 곡이 제법 쌓이고 각 소속사별로 요건이 충족되면 정식 작사가 계약을 하게 된다. 작사가 계약을 하면 소속사가 생기는 것이므로 회사의 지원을 받으며 활동할 수 있어 그나마 안정기에 접어드는 시기이다.

이쯤 되면 소소한 걱정들도 사라지고 자신만만해질 줄 알았는데 마감을 해서 제출한 작품이 맘에 들지 않으면 지망생 때보다 더 깊은 자괴감에 빠진다. 지망생 때에는 '난 아직 지망생이니까 한 번쯤 망쳐도 괜찮아'라는 생각 뒤로 숨어 버릴 수라도 있지만 이젠 더 이상 그럴 수 없는 위치이다. 컨펌된 곡이 내 이름을 달고 세상에 나오는 경험을 다수했지만 경쟁이 워낙 치열하기 때문에 '나에게 과연 이 다음도 있을까'라는 생각이 들게 된다. 충분히 기쁘게 즐길 수 있는 순간조차도 다음 곡이라는 압박감이 섞여 그러지 못할 때가 많다.

이 필드에 있는 사람들은 알겠지만 지망생부터 시작해서 정식 작가 계약까지 할 수 있는 확률은 아마도 5%가 넘지 않을 것이다. 소속사별로 차이가 있을 수 있지만 10명이 함께 시작했다면 끝까지 남아 작가 계약까지 하는 사람은 고작 한 명 미만일 것이라는 얘기이다. 거기까지 버틴 것만으로도 충분히 대단하다. 나 역시 잘못하고 있는 부분이긴 하지만 여기까지 달려오느라 수고한 자신에게 조금 숨 쉴 틈을 주는 것도 나쁘지 않다고 생각한다.

작가 계약은 해냈지만 아직도 갈 길이 멀기에 오래 걷기 위해서는 도움이 안 되는 걱정들에 에너지를 소모하지 않길 바란다. 그저 하루하루 작사를 할 수 있음에 감사하고, 내 손길을 기다리는 데모곡이 쌓여 있음에 감사하고, 내가 쓴 가사를 휴대전화 컬러링이나 카톡 배경음악으로 설정할 수 있음에 감사했으면 좋겠다. 너무나 막막했던 처음을 떠올려 보면서!

이건 나 자신에게 해 주는 말이기도 하고 이따금씩 힘들어 하는 내 동료들에게 보내는 위로의 메시지이기도 하다.

스스로에게 숨 쉴 틈을 주자.

1. 작사가로서 가장 뿌듯했던 순간은 언제였는가?

2. 본인이 쓴 곡을 휴대전화 컬러링이나 카톡 배경음악으로 설정해 본
적이 있는가? 있다면 어떤 가수의 어떤 곡이었는가?

3. 본인의 작품 중 저작료 수입이 가장 높은 곡은 무엇인가?
그 저작권료를 어디에 썼는가?

4. 저작권 수입을 모아 수고한 자신에 대한 보상으로 여행을 간다면
어디로 가고 싶은가?

다른 사람이 나보다 더 잘나갈 때

어디를 가나 나보다 뛰어난 사람은 반드시 존재한다. 작사계도 마찬가지이다. 이미 재능도 충만하고, 인맥도 좋고, 작사까지 잘하는 다 가진 사람들이 이 분야에도 역시나 아주 많다. 일단 그것을 인정하는 것이 첫 번째이다. 내가 일등이 될 수 없다는 것, 그 욕심 하나만 내려놓아도 작사 인생이 훨씬 편해진다. 남과 비교하지 말고 지금 내 상황과 위치에서 내가 할 수 있는 최선이 무엇인지 고민하고 실행해 나가는 것이 자신에게 훨씬 더 도움이 된다. 이미 나보다 잘나가고 있는 사람들에게 느끼는 열등감은 이런 식으로 정리할 수 있기 때문에 차라리 쉽다.

문제는 함께 시작한 동료가 나보다 잘나갈 때의 상황이다. 비슷한 시기에 작사 공부를 시작했다 하더라도 데뷔 시기와 잘 풀리는 시기가 다 제각각이므로 누구나 이런 상황에 놓일 수 있다. 다같이 지망생일 때는 서로 위로하고 토닥이며 잘 지낼 수 있지만 나는 계속 데뷔도 못하고 있는데 누구 하나가 먼저 치고 올라가면 사람인지라 불안해진다. 불안한 마음이 생기는 것조차 어찌할 수는 없겠지만 작사는 마라톤이라는 점을 잊지 않았으면 좋겠다. 하루 이틀, 고작 1, 2년 하고 말 일이 아니라는 거다. 초반에 누가 치고 나갔다고 해서 끝까지 그 페이스가 유지되리라는 법은 없다. 주변에 최대한 신경을 끄고, 내 페이스대로 꾸준히 성실하게 달리다 보면 나에게도 좋은 기회가 반드시 생긴다. 다만 그 시기가 언제인지 모르는 불확실성 때문에 힘든 감정이 들기 마련인데 그것을 극복하는 과정마저도 작사의 일부라고 받아들여야 한다. 그러니 함께 고생해 온 동료에게 좋은 일이 생겼을 때 기꺼이 진심으로 축하해 줄 수 있는 여유를 갖길 바란다. 그 선함이 언젠가 나에게도 따스한 마음 한 다발로 되돌아오는 것을 충분히 경험하고 있기 때문이다.

컨펌된 가사가 발매 취소될 때

'좋다 말았다'라는 표현은 딱 이럴 때 쓰는 말이다. 소속사를 통해 기획사로 가사를 제출하면 수많은 가사들 중에서 두세 곡 정도의 가사를 추려 수정을 진행하고, 그 다음 심사를 통해 최종 가사가 결정된다. 그런데 수정을 한두 번 거치고도, 심지어 녹음까지 다 끝내고도 발매가 취소되는 경우가 있다. 경험상 취소가 되는 이유는 천차만별이다. 아티스트의 신상에 변화가 생겨 앨범 발매 자체가 기약 없이 연기되거나 혹은 녹음하고 보니 특정 부분의 발음이 예쁘지 않아서 등의 예상치 못한 여러 가지 이유로 가끔씩 컨펌된 가사의 발매가 취소되기도 한다. 취소된 앞뒤 사정을 들어보면 당연히 이해가 되지만 그렇다고 해서 속상하지 않은 것은 아니다. 이해하니까, 어쩔 수가 없으니까 더 속상한 거다.

작사가가 가장 짜릿할 때는 가사 컨펌 소식을 전해들은 후부터 발매되기 전까지의 순간이다. 마치 놀이공원으로 떠나는 소풍을

손꼽아 기다리는 어린 애처럼 설레는 시기인데 이럴 때 듣는 발매 취소 소식은 그야말로 소풍날 아침에 예고 없이 몰아친 폭풍우이자 마른 하늘에 날벼락이다. 차라리 처음부터 아무런 반응도 없었다면 모를까 괜히 김칫국만 사발로 드링킹한 우울한 기분이 쉽게 가시질 않는다. 이처럼 가장 기운이 빠지는 순간은 컨펌 이후 발매 취소 소식을 전해 들을 때이다. 이 소식을 소속 작가에게 전해야 하는 소속사 대표 역시 딱히 본인 잘못도 아닌데 너무 미안해 하는 모습에 괜찮다고 말해 보지만 사실은 하나도 괜찮지 않다. 가끔 영화나 드라마 등 작품에 캐스팅됐다가 갑작스레 취소되는 배우들의 소식을 듣는데 아마 비슷한 심정이지 않을까 싶다.

하지만 긍정적으로 생각해 보면 내 가사가 그래도 제출된 수백 개의 가사 중에 1, 2등을 차지했기 때문에 그런 경험이라도 할 수 있는 것이다. 내 가사가 별로였다면 수정할 일도, 녹음할 일도, 뭔가 이루어졌다가 취소될 일도 전혀 없다. 모든 일이 원래 계획대로만 착착 진행된다면야 더 바랄 게 없겠지만 어느 분야든 그렇지 못한 순간들도 있다. 이마저도 작사의 일부라고 겸허히 받아들이고 툭툭 털어 내야 지치지 않고 이 일을 오래 할 수 있다.

가사 발매 취소가 되고 나중에 TV에서 내 노래가 될 뻔한 그 곡을 공연하는 아티스트를 보면 마치 남자친구를 빼앗긴 여자의 심정으로 굳어 있게 된다. '저 자리가 내 자리인데', '저 크레딧에 내 이름이 써 있어야 하는데' 하는 아쉬움은 이상하게 꽤 오랜 시간이 지나도 옅어지지 않아서 그 노래를 자주 듣진 못한다.

작사 독학 공부법 네 가지

다른 일과 마찬가지로 작사를 잘하고 싶다면 당연히 적지 않은 노력을 해야 한다. 어떤 노력을 해야 과연 작사 실력이 느는 것일까? 학원에 다닐 수 있는 상황이나 형편이 된다면 학원에서의 커리큘럼을 찬찬히 따라가면 되겠지만 모두가 학원에 등록할 수 있는 상황은 아닐 테므로 혼자서 실천할 수 있는 공부법을 자세히 소개해 보겠다. 작사 공부법은 크게 필사, 가사 분석, 습작, 수정 연습 이렇게 네 가지로 나눌 수 있다.

독학으로
실천할 수 있는
단계별 공부법

1. 필사
2. 가사 분석
3. 습작
4. 수정 연습

필사

《그니까 작사가 뭐냐면》에서 간략하게 필사법에 대해 다뤘는데 여전히 추가로 질문하는 독자와 지망생 들이 꽤 많아서 이 책에서는 더 자세히 실제 필사법을 보여 주려고 한다. 첫 번째 책에 있었던 필사법을 잠시 복습해 보자.

1. 일단 가사가 좋다고 판단되는 노래 중에 장르별로 최소 한 곡씩을 선정한다. 이유는 장르의 편식을 막기 위해서다. 좋아하는 곡을 고르라고 하면 장르가 한쪽으로 쏠릴 수 있다. 고르기가 막연하다면 최신 인기 차트에 있는 곡 중 댄스 곡 하나와 발라드 곡 하나를 정한다.
2. 노래가 귀에 익을 때까지 두 번 정도 가사를 보지 않고 듣는다.
3. 가사를 보며 한 번 듣는다. 이때 눈으로 구조를 나눠 보고, 제목과 가사의 연결점도 생각해 본다.
4. 노래를 끄고 가사 전체를 종이에 적는다. 특별히 좋은 표현이나

라임에는 밑줄을 긋는다.

5. 노래를 들으며 다시 전체 가사를 적는다.

6. 특별히 더 좋았던 표현이나 라임은 한 번 더 적는다.

7. 가사를 보지 않고 다시 노래를 듣는다.

그럼 지금부터 예시 곡을 위의 과정 그대로 재연해 보겠다. 잘 따라와 주길 바란다.

1. 우선 필사하고 싶은 곡 하나를 고른다. 다음 예시 곡은 필자가 작사에 참여한 곡이다. 여러분은 각자 원하는 곡을 고르면 된다.

2. 가사를 보지 않고 노래를 우선 두 번씩 들어본다.

3. 이번에는 가사를 눈으로 보며 노래를 들어본다. 이때 예시 곡처럼 구조도 나눠 보고, 제목과 가사의 연결점도 생각해 본다. (가사의 구조에 관해서는 《그니까 작사가 뭐냐면》 23p를 참고한다.)

제목이 〈Here I am〉이다. 가사 내용이 전체적으로 힘든 현실에 놓여 있는 청춘들을 위로하는 메시지를 전달하고 있다. 차가운 세상과 열병 같은 청춘 사이, 끝이 안 보이는 절망과 고문 같은 희망 사이, 상처 투성이인 어제와 알 수 없는 내일 사이, 눈물뿐인 많은 날들과 길어지는 한숨 사이에서 내가 Here I am 하며 너를 위로하고 손을 잡아 주고 싶다는 의미를 담고 있다.

Here I am

노래: 최아인

verse1)

차갑기만 했던 세상과

열병같은 청춘 사이에

끝이 안보이는 절망과

고문같은 희망 사이에

chorus)

Here i am, Here you are,

Here We are the one

Here i am, Here you are,

hero that's we are

끝이 없는 이 길에

빛이 되줄게 넌 이순간, 늘 기억해..

verse2)

상처투성이인 어제와

알 수 없는 내일 사이에

눈물뿐인 많은 날들과

길어지는 한숨사이에

chorus)

Here i am, Here you are,

Here We are the one

Here i am, Here you are,

hero that's we are

혼자 아닌 우리가

빛이 되줄게 넌 이순간, 지금 이 순간

Here i am, Here you are,

Here We are the one

Here i am, Here you are,

hero that's we are

끝이 없는 이 길에

빛이 되줄께 넌 이순간, 늘 기억해..

어둠속에서 그대

내 손을 잡아

넌 이젠 now here i am

오늘을 살아온 너에게..

내일을 살아갈 너에게

4. 노래를 끄고 전체를 종이에 적는다. 특별히 좋은 표현에 밑줄을 긋고, 라임도 체크해 본다.

5. 노래를 들으며 다시 전체 가사를 적는다.

6. 특별히 더 좋았던 표현이나 라임은 한 번 더 적는다.

이 곡은 벌스의 가사가 좋다고 생각되므로 벌스의 표현을 다시 한 번 적어 본다.

---

7. 가사를 보지 않고 다시 노래를 듣는다.

이제 가사가 숙지됐을 것이다. 가사에 멜로디가 어떻게 입혀졌는지를 체크하며 다시 들어 보자.

Here I am

노래: 최아인

verse1)

차갑기만 했던 세상과

열병같은 청춘 사이에

끝이 안보이는 절망과

고문같은 희망 사이에

→ 좋은 표현에 밑줄 긋기

chorus)

Here i am, Here you are,

Here We are the one

Here i am, Here you are,

hero that's we are

끝이 없는 이 길에

빛이 되줄게 넌 이순간, 늘 기억해

verse2)

상처투성이인 어제와

알 수 없는 내일 사이에

눈물뿐인 많은 날들과

길어지는 한숨사이에

주요 라임에 색깔로 표시하기

chorus)

Here i am, Here you are,

Here We are the one

Here i am, Here you are,

hero that's we are

혼자 아닌 우리가

빛이 되줄게 넌 이순간, 지금 이 순간

Here i am, Here you are,

Here We are the one

Here i am, Here you are,

hero that's we are

끝이 없는 이 길에

빛이 되줄께 넌 이순간, 늘 기억해

어둠속에서 그대

내 손을 잡아

넌 이젠 now here i am

오늘을 살아온 너에게..

내일을 살아갈 너에게

본인이 원하는 가사를 골라서 앞에서 연습한 것처럼 자세히 필사

해 보자.

* 가사는 멜론 사이트를 참고해서 찾는다. (이하 예시 곡들도 모두 동일함)

1. 가사가 좋은 노래를 한 곡 고르자.

제목:

가수:

작사가:

2. 노래가 귀에 익을 때까지 두 번 정도 가사를 보지 않고 듣는다.

3. 가사를 보며 한 번 듣는다. 이때 눈으로 구조도 나눠 보고, 제목과 가사의 연결점도 생각해 본다.

제목과 가사의 연결점:

4. 노래를 끄고 가사 전체를 종이에 적는다. 특별히 좋은 표현이나 라임에 밑줄을 긋는다.

5.노래를 들으며 다시 전체 가사를 적는다.

6. 특별히 더 좋았던 표현이나 라임은 한 번 더 적는다.

7. 가사를 보지 않고 다시 노래를 듣는다.

가사 분석법

가사 분석 시 고려해야 할 포인트는 6가지가 있다.

1. 제목과 내용의 서사 관계

제목과 내용은 반드시 연결되어 있어야 한다. 예를 들어 제목이 커피라면 가사의 서사도 커피에 맞춰져야 한다. 사랑을 커피에 비유하고 있는 내용이라든지, 커피가 가사 배경에서 중요한 역할을 한다든지 어떤 식으로든 커피가 가사의 주요 이미지로 부각돼야 한다. 내용과 따로 노는 제목의 가사는 컨펌받을 확률이 거의 없다. 기존 가사에서 제목이 내용에 어떤 식으로 표현되고 드러나는지, 어떤 영향을 미치고 있는지 분석하며 공부하자. 좋은 가사는 제목과 내용이 밀접하게 연결되어 있다.

1. ITZY(있지)의 <TENNIS>라는 곡의 가사를 찾아보고, 제목과 가사가
   어떤 식으로 연결되어 있는지 분석해 보자.

TENNIS

노래: ITZY

verse1)
너와의 하루는 Match point
긴장감 속에 몸이 안 움직여
내 맘을 숨겨 놓고서 하는 Hi

pre-chorus)
이어지는 Rally 끝날 줄 몰라
온종일 스치는 눈빛 이건 뭘까
누구 하나 먼저 나설 줄 몰라
한걸음이 부족해
네 맘을 다 흔들어 놓을 그 한마디
필요할 것 같은데

chorus)
마주친 순간 좋은 Timing
선을 넘어 난 YAIYAIYA
이쯤에서 던져볼까
선을 넘어 난 YAIYAIYA
봐 봐 Here I go, Smashing
smashing
봐 놀라지 마
That's right YAIYAIYA

verse2)
몰랐지 요즘 매일이
작은 공처럼 계속 움직여 난
어디로 튈진 모르지만 다 Fine

pre-chorus)
네트 선에 나뉜 우리 사이에
눈빛이 Back and forth 계속 Tiki-
Taka

안 그런 척해도 다 받아주지
이미 시작된 걸까
네 맘에 물결을 일으킬 단 한마디
이제 준비하려 해

chorus)
마주친 순간 좋은 Timing
선을 넘어 난 YAIYAIYA
이쯤에서 던져볼까
선을 넘어 난 YAIYAIYA
봐 봐 Here I go, Smashing
smashing
봐 놀라지 마
That's right YAIYAIYA

bridge)
이런 느낌 Makes me crazy
헛스윙해도 몰라 아마 아닐 거야
긴 긴 게임 Let me finish 확실한 게 좋아
이런 느낌 Makes me crazy 손이 떨려와
긴 긴 게임 Let me finish 답은 하나야

chorus)
기다린 순간 좋은 Timing
선을 넘어 난 YAIYAIYA
이쯤에서 던져볼까
선을 넘어 난 YAIYAIYA
봐 봐 Here I go, Smashing
smashing
봐 놀라지 마
That's right YAIYAIYA

정답: 두 남녀의 썸을 테니스에 비유해 위트 있게 표현했다. 어디로 튈지 모르겠는 내 마음을 작은 테니스공에 비유해 선을 넘는다든지, 눈빛이 Back and forth 계속 Tiki-Taka, 헛스윙을 한다든지 하는 표현이 톡톡 튀는 멜로디와 잘 어우러져 설레는 감정을 도드라지게 보여 준다. 제목이자 콘셉트인 테니스를 이용해 끝까지 긴장감을 놓지 않고 제목과 서사 구조가 탄탄하게 잘 연결되도록 쓴 가사의 좋은 예이다.

2. TXT의 <5시 53분의 하늘에서 발견한 너와 나>라는 곡의 가사를
찾아보고, 제목과 가사가 어떤 식으로 연결되어 있는지 분석해 보자.

3. 성시경의 <이음새>라는 곡의 가사를 찾아보고, 제목과 가사가 어떤
식으로 연결되어 있는지 분석해 보자.

4. 원슈타인의 <적외선 카메라> 라는 곡의 가사를 찾아보고, 제목과
가사가 어떤 식으로 연결되어 있는지 분석해 보자.

2. 파트별 특징과 역할

각 파트별 특징과 역할을 살펴봐야 하는 이유는 구성력을 기르기 위함이다. 가사의 안정적 구성을 위해서는 각 파트별로 들어가야 할 내용의 가사들이 적절히 배치돼야 한다. 이런 배치들이 흐트러지면 가사가 산만하게 보이거나 무슨 이야기를 하고 싶은 건지 전달이 원활하게 되지 않을 위험성이 높다. 발매된 기존 가사들의 각 파트를 나누어 구조별로 어떤 내용이 담겨져 있는지 면밀히 살펴보면 본인 가사를 쓸 때 큰 도움이 될 것이다.(구조에 관한 설명은《그니까 작사가 뭐냐면》23p를 참고한다.)

1. 휘인의 <water color>라는 곡의 가사를 찾아서 적은 후 가사의
구조를 나누고, 각 파트의 역할과 내용을 적어 보자.

---

water color

노래: 휘인

verse1)

I will draw me

새하얀 종잇조각에

빛깔들의 향연 떠올려

What about me

깊은 상상에 빠질 때

비로소 마음의 눈이 떠져

→ 제목이 water color인만큼 시적화자인 본인을
새하얀 종이로 설정하고 어떤 색으로 채워
갈지 상상 중이다.

pre-chorus)

고이 놓여있는 이 붓으로

더 물기를 머금게 해 스며들게

마음이 가는 대로

내가 품은 빛을 그려내

환하게 피워내

곤히 자고 있던

→ 벌스의 상상을 행동으로 옮겨 가는 과정을 보여
줌으로 이야기가 진행되고 있다.
곤히 자고 있던 품은 빛을 그려 내는 단계

chorus)

나를 깨워

내 모습을 채워

비에 젖은 듯 흐리게 칠해

I'm still a dreamer

내 가치를 키워

더 많은 색을 원해

난 다 잘 어울려

다 잘 어울려

→ 어떤 특정 색으로 자신을 채우기보다는 흐리게
  더 많은 색을 칠해 나갈 수 있는 가능성을
  남겨 주고 싶다는 의지를 표명, 가사에서 결국
  전하고자 하는 메시지가 담겨 있다.

verse2)

Paint over the drawing

Drawing over the color line

복잡하게 보여도 난 그대로야

마른 뒤에 다시 덧칠해

이 느낌이 안 번지게

(Guess what)

아직은 안 보여도

(Guess what)

조금 더 기다려줘

(Guess what)

그리고 자세히 날 봐

→ 벌스1에서 보다 진행된 이야기 구조를 형성하고
있음, 아직 본인이 어떤 색인지 희미하게 보여도
가능성을 믿고 기다려달라는 내용

pre-chorus)

달라질 거야 지금

벌써 새로워

Actually I'm so greedy

날 더 위해

마음이 가는 대로

내가 품은 빛을 그려내

환하게 피워내

곤히 자고 있던

→ 벌스에서의 덧칠을 통해 다른 색으로
새로워지는 자신을 기대한다는 내용

chorus) 반복

bridge)

Sometimes I feel like

I don't wanna smile

(You will be better, Just you can cry)

거짓 그림은 버리고

I'm gonna live for me

→ 거짓은 버리고 온전히 자신의 내면을 비춘
그림을 그리고 싶다는 내용

chorus)

나를 깨워

내 모습을 채워

비에 젖은 듯 흐리게 칠해

(I draw myself)

I'm still a dreamer

내 가치를 키워

더 많은 색을 원해

난 다 잘 어울려

다 잘 어울려

다 잘 어울려

2. 원지의 <0과 1 사이>라는 곡의 가사를 찾아서 적은 후 가사의 구조를
나누고, 각 파트의 역할과 내용을 적어 보자.

3. 정세운의 <Fine> 이라는 곡의 가사를 찾아서 적은 후 가사의 구조를
나누고, 각 파트의 역할과 내용을 적어 보자.

4. NCT 127 <Another World>라는 곡의 가사를 찾아서 적은 후 가사의 구조를 나누고, 각 파트의 역할과 내용을 적어 보자.

3. 설정된 인물, 배경, 사건

3, 4분짜리 짧은 가사에도 엄연히 인물과 배경, 사건들에 대한 설정이 필요하다. 이런 것들이 세심하게 배치되어 있어야 가사를 듣는 리스너들이 그 상황에 함께 빠져들어 공감할 수 있다. 《그니까 작사가 뭐냐면》에서도 예시와 함께 간단히 언급한 적이 있지만 이런 설정들은 대부분 벌스나 프리코러스 쪽에 주로 형성되어 있다. 가사를 자세히 보며 어떤 인물과 배경, 사건이 설정되어 있는지 분석해 보자.

1. 강다니엘 (Feat.로꼬)의 <Outerspace>라는 곡에는 어떤 인물과 배경, 사건이 설정되어 있는지 분석해 보자.

Outerspace

노래: 강다니엘 (Feat. 로꼬)

verse1)
Baby why don't we just
take a chance Yeah
Maybe 뭔가 재밌는 걸 하려 해 Yeah
여길 넘어서 outerspace
Yeah 사라진 gravity
시선의 끝에 멀어져버리는 불빛
작은 신호가 켜질 때
뛰어 넘어 fly away now
얼마든지 더 우린 어디든지 더

pre-chorus)
희미해져가는 경계를 지워
낯선 처음과 끝 시간을 건너
미세한 떨림조차 놓지 않아

그 누구도 찾지 못한 너를 찾아내

chorus)
Whoo 어둠을 넘어서 블랙홀까지
OohWhoo 아득한 우주 끝 닿는 순간
OohWhoo 애타게 기다렸던
something new yeah
OohWhoo Outer 'ya outerspace 'ya

rap)
꿈이라지만 현실이었던
상상과는 다르기도
So we gotta go like vroom
웃으며 허공을 달리는중
끽해봐야 하늘에 빗대

Believe that 못하면 그냥 chit chat

각 잡아 지금 진지하게

여긴 outerspace

난 사라질게 저 빛에

verse2)

미처 몰랐던 outerspace

알게 해줄게 더 멀리

나를 따라와

lost in all the things I do and

다시 신호가 켜질 때

뛰어 넘어 fly away now

얼마든지 더 우린 어디든지 더

pre-chorus)

희미해져가는 경계를 지워

낯선 처음과 끝 시간을 건너

미세한 떨림조차 놓지 않아

그 누구도 찾지 못한 너를 찾아내

chorus) 반복

bridge)

끝이 없이 달려 goin' crazy

And I just wanna ride

this wave on top

So don't stop

I feel it coming

더 펼쳐지는 시선에

pre-chorus)

우린 같은 곳을 향하고 있어

전부 새로워진 순간을 느껴

과감히 한 발 더 모든걸 넘어

그 아무도 몰랐었던 길을 찾아내

chorus) 반복

---

①**인물:** 뮤직비디오로 미루어 보았을 때 중요 임무 수행 중인 우주 요원인 것으로 추정되지만 가사로만은 거기까지 캐치할 수는 없다. 가사에서는 우주여행을 짜릿하게 즐기는 장난스럽고 낙천적인 탐험가들이다. 벌스1의 '뭔가 재밌는 걸 하려 해'와 랩의 '웃으며 허공을 달리는 중'이라는 구절을 통해 캐릭터를 미루어 짐작해 볼 수 있다. 캐릭터를 분석하는 모든 근거는 가사에서 찾아야 한

다. 이 말을 반대로 하면 작사를 할 때 캐릭터를 구축할 수 있는 가사를 위의 예시처럼 적절한 곳에 배치해야 한다는 의미이다.

②배경: 말 그대로 Outerspace, 우주 공간이다.

③사건: 경계를 지우고 시간을 건너, 한계를 넘어 새로운 것을 찾아 우주 탐험 중이다. 그런데 '누구도 찾지 못한 너를 찾아내'라는 가사를 통해 거기서 발견한 것이 전혀 낯선 새로운 세상뿐만이 아니라 내 안의 새로운 나를 향하는 길이라는 해석도 가능하다. 나라는 자아도 결국엔 작은 우주이기 때문이다.

2. 드라마 <꼰대인턴>의 OST, 장민호의 <대박 날 테다>라는 곡에는 어떤 인물과 배경, 사건이 설정되어 있는지 분석해 보자.

3. 위클리의 <Universe>라는 곡에는 어떤 인물과 배경, 사건이
설정되어 있는지 분석해 보자.

4. 헤이즈의 <비가 오는 날엔>이라는 곡에는 어떤 인물과 배경, 사건이
설정되어 있는지 분석해 보자.

설정되어 있는지 분석해 보자.

4. 사랑의 시점

초보자들의 습작 가사를 보면 가끔 사랑의 시점을 헷갈리게 써 놔서 이별 중인지, 사랑 중인지 되물어야 할 때가 있다. 특정 사랑의 시점을 어떻게 표현해야 가사를 읽는 사람이 헷갈리지 않을지 알려면 기존 가사를 보며 공부하는 수밖에 없다. 잘 쓰여진 가사를 보며 사랑의 시점을 연구해 보자. 어떤 가사에서 사랑의 시점이 드러나는지 줄을 그어 가며 체크해 본다.

1. CRAVITY의 <Dangerous> 가사를 찾아보고, 설정된 사랑의 시점과
그 시점들을 표현하고 있는 가사에 밑줄을 그어 보자.

Dangerous

노래: CRAVITY

verse1)

I feel your poison 너와 눈을 맞출 때

조금씩 drizzle 알 수 없는 끌림에

피할수록 빠져들어

한 순간의 느낌에 날 맡겨

너 하나만 새겨지는 순간 속 tonight

pre-chorus)

위험한 신호란 걸 알아

내가 가진 전불 걸어

Get it on get it on yeah

Yeah 들려온 위험한 sign

불이 켜지는 danger blahh blahh

더 깊이 빠져가

chorus)

I'm dying for you you you

끊을 수 없는 끈 날 깊이

파고들어 파고들어

미치도록 끌어당겨

타올라 you you you

더 차올라 take my breath

Kill me with your love

Kill me with your touch

빠져가 you're dangerous

넌 dangerous 그 눈빛

So dangerous (ah ah)

넌 dangerous 그 손짓

틈 없이 내 맘을 깨우지

넌 dangerous 그 눈빛
So dangerous (ah ah)
넌 dangerous 그 느낌
끝없이 내 맘을 흔들지

verse2/rap)
Ay 손끝까지 퍼져가는 전율에
더 벗어나려 할수록 몰아치는 해일 yeah
너란 바다 속에 난 잠겨
점점 더 깊이 네게 스며들어
Deeper deeper 너에게
베일 속에 감각이 눈뜰 때
강렬히 더 커진 물결에
숨 멎을 듯이 위태로운 이끌림

pre-chorus)
위험한 신호란 걸 알아
어둠 속에 나를 던져
Get it on get it on yeah
Yeah 짙어진 우리의 eyes
서롤 물들인 danger blahh blahh
더 깊이 빠져가

chorus)반복

bridge)
거부하려 할수록 깊어져
더 아득하게 잠겨가 난
No matter where no matter what
끝까지 차오르는 숨
더 세게 몰아쳐도 좋아 난

chorus)
I'm dying for you you you
네 안에 갇힌 나, 미칠 듯
파고들어 파고들어
미치도록 끌어당겨
타올라 you you you
더 차올라 take my breath
Kill me with your love
Kill me with your touch
빠져가, you're dangerous
넌 dangerous 그 눈빛
So dangerous (ah ah)
넌 dangerous 그 손짓
틈 없이 내 맘을 깨우지
넌 dangerous 그 눈빛
So dangerous (ah ah)
넌 dangerous 그 느낌
끝 없이 더 짙게 번져 넌

이 가사에서 사랑의 시점은 짝사랑과 썸 그 언저리쯤이다(《그니까 작사가 뭐냐면》83p 참고). 그 감정을 중점적으로 표현하고 있는 가사에 밑줄을 그었다. 벌스와 코러스에 사랑의 시점을 짐작할 수 있는 가사가 적절히 배치되어 누군가에게 강렬하게 빠져드는 순간임을 캐치하도록 도와주고 있다. 특히 벌스1에서 drizzle이라는 신선한 단어로 끌림의 감정을 묘사한 표현이 독특하고 트랜디하다.

2. 스탠딩 에그의 <더는 서툴지 않게> 가사를 찾아보고, 설정된 사랑의 시점과 그 시점을 표현하고 있는 가사에 밑줄을 그어 보자.

3. 김나영의 <그 무렵> 가사를 찾아보고, 설정된 사랑의 시점과 그 시점을 표현하고 있는 가사에 밑줄을 그어 보자.

4. 정인의 <어떻게 해야 할까요> 가사를 찾아보고, 설정된 사랑의 시점과
그 시점을 표현하고 있는 가사에 밑줄을 그어 보자.

5. 좋은 표현들

마음만 먹으면 가수나 작곡가 등 누구나 가사를 쓸 수 있는데 굳이 작사가에게 가사를 맡기는 이유 중 하나가 '좋은 표현' 때문이다. '좋다'라는 의미는 주관적이어서 기준이 모호하지만 곡과 가수의 분위기에 딱 들어맞는 좋은 표현들 흔히 말하는 펀치라인이 가사마다 꼭 한두 줄씩 들어가서 가사에 핵심 포인트가 되어야 한다. 잘 쓰여진 가사들의 좋은 표현들을 체크하며 공부해 보자.

1. ASTRO 유닛 문빈&산하의 <Eyez On U>라는 곡의 가사를 찾아보고, 좋은 표현에 밑줄을 그어 보자.

Eyez On U

노래: 문빈&산하 (ASTRO)

verse1)

Oh 눈 부신 햇살

나 기분 좋은 느낌

잠시 눈을 감아 또 떠올라

Babe yeah

저 깊은 어둠 속 Yeah

헤매고 있던 날들

홀로 걸었던 긴 밤

외로움만 가득했어

pre-chorus)

아픈 상처뿐인 기억들 속에

울고 있던 너를 찾아 난

조금씩 더 가까워져 가

네 꿈속에서

Good bad good bad 뒤바뀐 감정

계속 One step two step 기억을 옮겨

행복했던 시간들만 남겨

Can you keep a secret

chorus)

Oh 너를 만난 순간 터질 듯이

내 맘 가득 퍼져 너란 빛이

마치 운명처럼 우린

이끌리듯 빠져들어

나를 따라와

우릴 비추던

별빛들도 눈감아주는 거야

눈이 부셔

그저 꿈으로 깨지 않기를 Daydream

Ah Keep my eyez on you

verse2)
떠올릴수록 더 흐려져
다 꿈이 맞는걸
눈을 뜰 수 없을 만큼
잠시 넌 달콤한 긴 잠에 빠져
깨지 않아도 되는 걸
난 너를 품에 안고
황홀한 꿈속으로 Yeah

pre-chorus)
숨 막히던 기억들 속에
헤매고 있던 너를 찾아 난
다시 만날 그곳으로 가
네 손을 잡고
Go back go back 어둠 속에서
다시 One step two step 걸음을 옮겨
저 멀리서 반짝이는 기억
Can you keep a secret

chorus) 반복

bridge)
눈 감으면 꿈에서
널 기다려

번져와 선명히 Oh yeah
찬란하게 빛나던 너
볼수록 더 빠져들어
깨고 싶지 않은 걸 Uh woo

chorus)
Oh 널 깨우는 신호가 또 울려
눈을 뜨면 넌 꿈 같은 현실
기다리고 있을 거야
아름답게 채운 기억
어두웠었던 (Yeah)
세상은 네게서
사라질 걸 다 알아 모든 순간
눈을 뜨면
그저 꿈으로 깨지 않기를 Daydream
Ah Keep my eyez on you
Eh oh eh oh eh oh
Eh oh eh oh eh oh
Eh oh eh oh eh oh
Ah Ah Keep my eyez on you
Eh oh eh oh eh oh
Eh oh eh oh eh oh
Eh oh eh oh eh oh
Ah Ah Keep my eyez on you

2. 트와이스의 <OXYGEN>이라는 곡의 가사를 찾아보고, 좋은 표현에
   밑줄을 그어 보자.

3 이석훈, 캡틴플래닛의 <겨울이 건네는 말>이라는 곡의 가사를 찾아보고, 좋은 표현에 밑줄을 그어 보자.

4. 이무진의 <신호등>이라는 곡의 가사를 찾아보고, 좋은 표현에 밑줄을
그어 보자.

6. 특이점 혹은 배우고 싶은 점

치열한 경쟁을 뚫고 발매된 가사라면 무조건 배울 점이 한두 가지 이상 있다고 생각한다. 이 가사가 왜 선택받았을까를 캐치할 수 있어야 다음에 나도 컨펌 확률이 높은, 치열한 경쟁을 뚫을 힘이 있는 가사를 쓸 가능성이 높아진다. 보통 대형 기획사 곡들의 가사들은 치열한 경쟁 시스템을 뚫고 발매된 경우가 반 이상인데 그런 가사들을 찾아보며 배울 점을 분석해 보자.

1. 강다니엘의 <Flash>라는 곡의 가사를 찾아보고, 특이점과 배우고 싶은 점을 메모해 보자.

Flash

노래: 강다니엘

verse1)
Hold on tight
Wild ride, 난 오늘도
알 수 없는 미래로 뛰어들어
가끔은 숨 막힐 듯 어지러워
(Someone tell me how you want it)
I know I gotta be strong
내 길은 끝없는 highway
It's a highway
저 붉은 태양 뜨기 전
가장 짙은 어둠이 몸을 감싸도

pre-chorus)
To-to-top down, through the rain
흐린
시야를 삼켜버릴 듯이
The-the-they yelling, my name
들려
쏟아지는 불빛 속으로

chorus)
Don't slow me down when I wanna
speed up (speed up!)
달려 난 way too fast
더 높은 곳을 향해서 heat up (heat up!)
담겨 내 모든 게
날 자유롭게 해
멈출 수 없는 race
꿈과 현실 사이 경계선에
Don't slow me down when I wanna
speed up
I'm going way too fast, Flash!

verse2)
All my life, all my life
쉬운 적은 없었지
Every time, every time
망설임 따윈 없어
Do or die 언제나

선택은 오직 하나
부딪혀 보면 알아
Nah, nah
'Cause I know I gotta be strong
Yeah, the wait can be long
엉켜 있는 미로
또다시 나는 위로
Not afraid of the dark
나만의 나침반
Nah, I've come way too far
불 꺼진 길을 따라

pre-chorus)
Top down, through the rain
흐린
시야를 삼켜버릴 듯이
The-the-they yelling, my name (my
name!)
들려
쏟아지는 불빛 속으로

chorus)
Don't slow me down when I wanna
speed up (speed up!)
달려 난 way too fast
더 높은 곳을 향해서 heat up (heat up!)
담겨 내 모든 게
날 자유롭게 해
멈출 수 없는 race
꿈과 현실 사이 경계선에
Don't slow me down when I wanna

speed up
I'm going way too fast, Flash!

brigde)
Aye, this that real race
This that never stop
여기 낯선 길 끝에
This that tone it down
This that turn it up
정해진 길 없다 해도 I don't care
Do it all (Oh)
희미한 빛
더 선명하게 내 모습 비춰 줄 때
I'm 'bout to turn it up loud 'cause right
now
I'm feeling like a rockstar, baby!

chorus)
Don't slow me down when I wanna
speed up (speed up!)
달려 난 뜨겁게
더욱 먼 곳을 향해서 heat up (heat up!)
더욱더 빠르게
터질 듯한 숨에
거친 에너지에
절대 쉬지 않아 'cause it's my game
Don't slow me down when I wanna
speed up
I'm going way too fast, Flash!

<Flash라는 키워드의 형상화>

보통 기획사로부터 작사 작업을 의뢰받을 때 데모와 함께 간단한 키워드만 주워지는 경우가 많다. 그러면 작사가는 어떻게든 한 단어로 이루어진 키워드만으로 아티스트의 서사를 반영하며 기승전결을 갖춘 퀄리티 높은 가사를 구성해야 한다.

우선 키워드가 가진 정확한 뜻부터 찾아봐야 한다. Flash는 '빛이 비추는, 번쩍이는, 불빛으로 신호를 보내는' 등의 뜻이 있다. 이후 이 키워드와 아티스트의 어떤 면을 연결시킬지 결정해야 한다.

Flash와 강다니엘에게는 어떤 교집합이 존재할까? 어떤 이미지를 이끌어내는 게 아티스트를 빛낼 수 있는 최선의 선택일까?

이 곡이 담긴 강다니엘의 미니앨범 마젠타는 한여름에 발매되었다. 강다니엘의 컬러 프로젝트 3부작 중 두 번째 앨범으로 마젠타 색감처럼 한여름의 강렬함을 담았다. 그러므로 이 가사에서 형상화된 Flash의 이미지는 '알 수 없는 미래로 기꺼이 뛰어들게 하는, 꿈과 현실의 기로에서 주저앉지 않고 전진하게 하는, 더 높은 곳을 향해 찬란히 비상하게 하는' 뜨겁고 강렬한 에너지이다. 강다니엘은 오디션 프로그램에서 우승한 후 워너원 멤버로서의 활동을 마치고 솔로 가수로 성공적으로 데뷔해 지금까지 눈부신 활약을 보여 주고 있다. 게다가 소속사 커넥트 엔터테인먼트의 수장까지 맡으며 대중들에게 지속적으로 성장해 나가는 진취적인 이미지를 부각시켰다. 이런 강다니엘의 필모그래피를 Flash라는 키워드로 형상화한 점이 인상적인 가사이다. Flash를 강다니엘만의 자유로운 무빙이 느껴지는 뜨겁고 강렬한 에너지를 상징하는 것으로 풀어내고, 더불어 한여름의 열기에 물든 마젠타 빛 Vibe까지 세련미 있게 첨가한 탁월한 선택이라고 생각한다. 그러므로 우리가 배워야 할 점은 키워드를 위와 같은 과정을 통해 완벽하게 형상화한 방식이다.

2. 여자친구의 <Apple>이라는 곡의 가사를 찾아보고 특이점과 배우고 싶은 점을 메모해 보자.

3. 오마이걸의 <Dolphin>이라는 곡의 가사를 찾아보고, 특이점과
배우고 싶은 점을 메모해 보자.

4. 산들의 <취기를 빌려>라는 곡의 가사를 찾아보고, 특이점과 배우고 싶은 점을 메모해 보자.

7. 종합 가사 분석

앞에서 연습했던 문제들에 대한 포괄적인 예시이다. 이것은 실제 작사가 지망생들과 하고 있는 커리큘럼의 일부이기도 하다.

미리 양해를 구하고 싶은 점은 저자가 이 곡의 작사에 참여했음에도 불구하고, 이 곡의 저작권이 한국이 아닌 미국 퍼플리싱 회사의 관리 하에 있는 관계로 허가에 차질이 생겨 가사를 온전히 싣지 못한 점을 이해해 주기를 바란다. 가사는 각자 멜론 사이트에서 찾아서 아래 공란에 적어 본다.

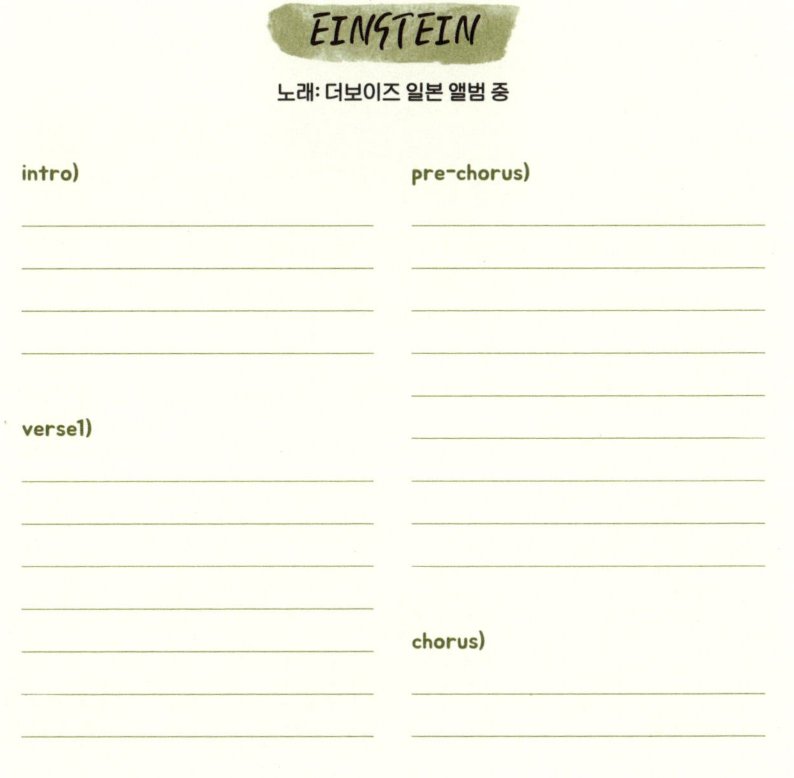

verse2)

pre-chorus)

chorus) 반복

bridge)

chrous)

그럼 지금까지 연습한 포인트에 맞게 하나하나 가사를 분석하는 연습을 해 보겠다.

① 제목과 내용의 서사관계

제목을 파악하려면 제목의 의미를 먼저 알아야 한다. 우선 아인슈타인에 대한 기본적인 정보가 필요하다.

알버트 아인슈타인 (Albert Einstein)
독일 태생의 이론물리학자. 광양자설, 브라운운동의 이론, 특수상대성이론을 연구하여 1905년 발표하였으며, 1916년 일반상대성이론을 발표하였다. 미국의 원자폭탄 연구인 맨해튼계획의 시초를 이루었으며, 통일장이론을 더욱 발전시켰다.

출생-사망　1879년 3월 14일, 독일 - 1955년 4월 18일
수상　　　1921년 노벨물리학상

인물에 대한 정보는 이 정도면 충분하다. 일반인들이 상식적으로 알고 있는 수준의 정보만으로도 가사는 충분히 완성할 수 있다. 오히려 너무 깊게 파고 들어가면 가사가 난해해질 수 있다. 이 가사에서는 아인슈타인이 제목인 동시에 콘셉트이기도 하다. 항상 새로운 것들을 창조해 내며 시대보다 한발 앞서갔던 아인슈타인의 긍정적 이미지를 '더보이즈'라는 그룹의 이미지로 차용했다. 가사 전반적으로 아인슈타인 캐릭터의 특징을 묘사하고 있다.

② 각 파트별 특징과 역할

벌스1: 아인슈타인의 캐릭터에서 찾아볼 수 있는 대표적인 이미지를 묘사하고 있다. 세상을 살짝 삐딱하게 남들과 다른 시선으로 바라본 생전의 특징을 보여 주고 있다. 벌스에는 인물, 배경, 사건에 대한 기본적인 정보가 주어지는 것이 좋다. 더불어 눈에 그려진다면 더 바람직한데 이 벌스에서는 아인슈타인에 대한 기본 정보와 더불어 삐딱하게 서 있는 아인슈타인이 연상된다.

프리코러스1: 아인슈타인이 생전에 맞닥뜨렸던 천재성과 창조성을 인정받지 못했던 답답한 현실을 극복하고 앞날을 개척해 가는 과정을 그렸다.

코러스: 아인슈타인의 이름을 반복함으로써 중독성 있는 부분을 만들었다. 나조차 몰랐던 내면의 또 다른 자아를 깨워 낸다는 의미를 부여함으로써 더보이즈에게 아인슈타인과 연계되는 창조적인 이미지를 심어 주는 역할을 하고 있다. 'Eyes'와 '나'로 맞춰진 끝라임도 듣는 재미를 배가시키고 있다.

벌스2: 진부한 규칙을 부수고 자신만의 새로운 방식으로 세상을 재창조해 나가는 아인슈타인의 모습을 표현했다.

프리코러스2: 의미 없이 반복되는 뻔한 것들 사이에 갇힌 자아를 자유롭게 놓아 주고 싶은 의지를 표현했다.

브릿지: 틀을 깨 새로운 것을 추구하는 아인슈타인에 대한 묘사로 마무리하고 있다.

③ 설정된 인물 배경 사건

인물: 괴짜였지만 새로운 것을 늘 창조해 내며 시대를 한걸음 앞서 갔던 아인슈타인 그리고 아인슈타인에 비유된 더보이즈

배경: 편견에 쌓인 세상, 진부한 생각의 틀 안에 갇힌 세상

사건: 그 틀을 부수고 나만의 새로운 세상을 창조해 내려 시도함 내 안의 새로운 나를 차츰 인식해 가고 있음

④ 사랑의 시점

이 곡은 사랑의 감정을 이야기하는 노래가 아니므로 특별한 사랑의 시점은 없다.

⑤ 좋은 표현들

⑥ 특이점 혹은 배우고 싶은 점

일본에서 발매된 더보이즈의 1집 정규앨범의 수록곡이라서 일본인 작곡가와 프로듀서들이 아인슈타인이라는 콘셉트를 미리 잡아두었고, 그에 맞춰 한국인 작사가들이 작업했다. 내 기억으로는 프로듀서가 아인슈타인의 광팬인데 그의 천재적 광기와 창조성, 독특함이 가사에 묻어 났으면 좋겠다는 디렉션을 받았다. 코러스의 아인슈타인이 반복되는 구간은 가이드에 녹음된 것을 그대로 살려서 진행했다. 관건은 아인슈타인의 이미지와 핫한 보이그룹인 더보이즈의 이미지를 자연스럽게 연결시켜야 하는 점이었다.

이 무렵 더보이즈는 엠넷 〈로드 투 킹덤〉이란 프로그램에 출연해 압도적인 퍼포먼스와 독특하고 창의적인 안무, 무대 연출로 인정받아 인지도가 상승하는 시기였다. 그런 더보이즈의 이미지와 시대를 한발 앞서간 아인슈타인의 이미지에 공통분모가 있다고 판단돼 이 둘을 연결시키기 위한 서사 구조를 만들기 위해 공을 들였다.

본인이 좋아하는 곡 하나를 골라 앞의 예시대로 분석해 보자.

제목:

가사:

1. 제목과 내용의 서사 관계

2. 각 파트별 특징과 역할

3. 설정된 인물, 배경, 사건

4. 사랑의 시점

5. 좋은 표현들

6. 특이점 혹은 배우고 싶은 점

8. 아티스트별 분석 데이터 만들어 놓기

활발한 활동을 보여 주고 있는 아티스트들을 파악해서 그들의 앨범에 수록된 곡들 중 작사가가 작업한 가사의 특징을 미리 파악해 두면 이후 그 아티스트의 곡을 작업할 기회가 생겼을 때 요긴하게 쓸 수 있다. 특별히 작사가가 작업한 곡을 중심으로 공부하기를 권하는 이유가 있다. 요즘은 작곡가 혹은 아이돌 멤버들도 가사를 쓰는 경우가 많고, 솔로 가수들 중에도 본인이 직접 작사하는 경우도 많은데 굳이 작사가에게 곡을 의뢰할 때는 전문 작사가에게 원하는 어떤 포인트가 있기 때문이다. 그 포인트를 잘 파악해 내는 것이 중요하다. 작사가가 아닌 사람도 쓸 수 있는 가사를 굳이 작사가에게 의뢰할 이유가 없다. 그러므로 다음에 나오는 예시처럼 평소에 가수별, 그룹별로 작사가가 작업한 곡들의 리스트를 뽑아 어떤 분위기의 가사를 선호하는지, 컨펌된 이유는 무엇일지 분석하면 도움이 될 것이다.

가수별로 아래 곡의 가사를 찾아 두 번씩 들어본 후 예시처럼 분석 안을 간단히 메모해 보자.

1. 트와이스

예시) <Oxygen> : Oxygen이라는 독특한 콘셉트에 나를 숨 쉬게 하는 너라는 상대방의 캐릭터를 대입해 재미있게 풀어낸 가사이다. '산소처럼 공기처럼 말없이 내 곁에 있어 준 너'라는 표현은 타 가사에서도 흔히 찾아볼 수 있지만 영어로 산소를 Oxygen이라고 살짝 바꿔 표현했을 뿐인데 어딘가 새롭고 신선해 보인다. 가끔은 흔히 쓰는 우리말 단어를 영어로 바꿔 주는 것만으로도 혹은 영어 표현을 우리말로 바꿔 주는 것만으로도 좋은 아이디어가 될 수 있다.

① <GET LOUD>

② <TRICK IT>

2. 태연

예시) <11:11> : 제목부터 너무 좋다. 이렇게 특정 시간을 설정해 주는 것은 스토리의 구체성을 더해 주고 상상력을 자극하는 좋은 방법이다. 이별 후의 감정을 겹쳐져 맴도는 시곗바늘에 비유한 것 또한 배울 점이다. 담담하게 이별의 시간을 견디고 있는 듯한 섬세한 표현들이 태연의 캐릭터와 잘 어울린다.

① <Weekend>

② <Starlight>

③ <Rain>

3. 손

예시) <달> : 지친 하루의 끝에 늘 같은 자리에서 나를 비추고 있는 달을 보며 느끼는 감정을 차분하게 풀어낸 가사이다. 그동안 달을 소재로 하는 가사들이 수없이 많았기 때문에 자칫 식상할 수 있는데 유난스럽지 않은 세련된 문장으로 시적화자가 밤하늘에서 달을 찾고 있는 이유를 담담하게 이야기하고 있다.

① <Way Back Home>

② <Traveler>

③ <36.5>

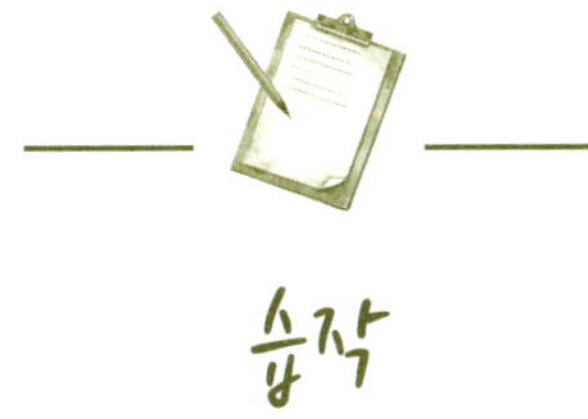

습작

일상에서 Recipe 찾아 가사로 발전시키기
(Feat: 한 단어의 이미지를 확장시켜 한 줄 가사로 바꿔 보는 연습)

가사에서 신선한 표현을 잘 쓰기 위해서는 평범한 것들을 바라보는 나만의 시선이 필요하다. 시선의 각도가 너무 많이 벌어지면 공감대를 형성하기 힘들기 때문에 신선함과 기괴함 사이에서 균형을 잘 잡는 감각을 길러야 한다. 일상에서 매일 마주치는 것들에서 어떤 신선한 표현들을 뽑아 낼 수 있는지 살펴보고 직접 연습해 보자. 평소에 신선한 표현들을 많이 연구하고 메모해 두면 이런 상황에 맞는 가사를 써야 할 때 든든한 레시피가 되어 줄 것이다.

① 휴대전화

일반적인 시선	· 연락을 위한 수단 · 정보검색을 위한 수단 · 생필품, 프라이버시 · 비밀번호 설정 · 충전이 필요함 · 와이파이가 필요함
나만의 시선	· **네모난 섬**: 우린 핸드폰을 손에 쥔 채로 사람들의 물결에서 벗어나. 각자의 네모난 섬에 고립되지. → 굳이 타인들과 대면하지 않아도 일상생활의 대부분을 가능하게 하는 수단이므로 현대인의 개인주의적 삶을 담은 가사에 넣으면 알맞을 표현이다. · **와이파이**: 무지개 모양의 와이파이, 내 핸드폰 파란 화면에 와이파이. 무지개가 뜨면 비로소 난 어디든 원하는 곳으로 터치해서 갈 수 있어. → 여행이나 타지역으로의 이동이 쉽지 않은 코로나 시대 랜선 여행을 소재로 한 가사에 쓰면 괜찮을 것 같은 표현이다. · **3%**: 하루를 살아 내는 데 나를 다 소진해 버리고 집에 가는 버스 안, 남은 핸드폰 배터리는 3%, 전원이 꺼지기 일보 직전, 마치 나를 보는 것 같아. → 매일 고된 일상을 버려 내고 있는 청춘들을 위로하는 내용의 가사에 쓰면 좋을 것 같은 표현이다. 저자가 지망생 시절 실제 도전했던 가사의 콘셉트이자 제목이다.

예시처럼 휴대전화에 관한 나만의 시선을 나타낸 표현을 두 개 더
찾아보자.

② 커피

일반적인 시선	· 카페인이 들어 있어 많이 마시면 잠이 오지 않음 · 중독성이 있음 · 차갑게 혹은 뜨겁게 즐길 수 있음 · 원두에 따라 풍미가 다 다름 · 커피 한 잔 하자는 밥 한 번 먹자처럼 언제 만나자는 의미의 관용어
나만의 시선	· **쓴맛** : 혀끝을 감싸며 밀려오는 쓴맛처럼 이젠 습관이 된 너에 대한 기억들. 너를 떠올리면 입안이 자꾸 쓴데, 그 쓴맛이 묘하게 싫지가 않아. 어른이 된 기분에 천천히 음미하게 돼. → 헤어진 지 조금 오래된, 아쉽게 이별한 지난 인연을 떠올리는 가사에 좋은 표현이다. · **카페인** : 마음 위로 커피를 쏟아 버린 것처럼 잠이 오지 않아. 텅 비어 있는 마음 틈새로 네가 스며들어 밤새 너를 머금어. 심장이 두근거려 어두운 하늘마저도 왠지 커피빛 같아. → 짝사랑하는 누군가를 떠올리며 설레어 밤새 잠 못 이루는 상황을 묘사할 때 재미있게 쓸 수 있는 표현이다. · **에스프레소** : 독약같이 짙은 농도의 기억이 밤을 타고 흘러와. 네가 훑고 지나간 시간들은 늘 목 타올라. 뜨거운 눈물로 희석시켜도 좀처럼 가시지가 않아. → 마시고 나면 마치 독약같이 쓴맛이 가시지 않고 목이 타는 느낌이 드는 에스프레소를 이별한 너에 대한 기억에 비유한 표현

예시처럼 커피에 관한 나만의 시선을 나타낸 표현을 두 개 더 찾아보자.

③ 인스타그램

일반적인 시선	· 친목 도모용 혹은 홍보용 · 일상의 기록 · 다른 사람의 삶을 엿볼 수 있음 · 소통의 보편적인 수단 · 현실이 왜곡되어 보여지는 부작용
나만의 시선	· **좋아요**: 너의 눈빛, 너의 향기, 너의 말투, 너의 모든 것에 맘속으로 좋아요를 눌러 대. → 인스타그램에서 좋아요를 눌러 주는 것이 요즘 애정과 관심을 표현하는 편리한 수단이므로 달달한 연애 가사에 쓰면 좋을 듯한 표현 · **해시태그**: 너의 1분 1초에 해시태그를 달아 둬. 하나도 놓치지 않고 내가 다 찾아볼 수 있게. → 연인의 일거수일투족을 다 알고 싶은 귀여운 집착을 표현하고 싶을 때 · **언팔**: 너의 기억만 따라다니는 내 마음에도 언팔 버튼이 있다면 좋겠어. 누르는 순간부터 너를 끊을 수 있게. → 이별 후 헤어진 연인을 그만 생각하고 싶은데 맘처럼 되지 않을 때

예시처럼 인스타그램에 관한 나만의 시선을 나타낸 표현들을 두 개 더
찾아보자.

④ 악보

일반적인 시선	· 음악의 곡조를 일정한 기호를 써서 기록한 것 · 오선과 도돌이표, 쉼표, 높은음자리표 등의 기본적인 기호의 뜻을 숙지하고 있어야 이해할 수 있음 · 가창이나 연주에 필요한 자료
나만의 시선	· **오선:** 너와 나 사이에 펼쳐진 감정선을 연주해 더 팽팽히 밀고 당겨. 우리만의 멜로디를 그려 나갈 수 있게. → 썸이나 밀당 사이를 그릴 때 할 수 있는 표현 · **도돌이표:** 다른 사람을 만나도 어떤 낯선 곳에 가도 생각이 다시 너에게 또 다시 너에게 돌아와. 온종일 너만 맴돌아. → 연애 초기 그 사람 생각만 계속 하게 되는 설레는 감정을 그린 표현 · **페르마타(늘임표):** 너와 있는 모든 1분1초에 페르마타를 붙이고 싶어. 이 순간에 조금 더 머물 수 있게. → 데이트하다 헤어져야 하는 연인의 아쉬움을 그린 표현

예시처럼 악보에 관한 나만의 시선을 나타낸 표현을 두 개 더 찾아보자.

⑤ 로제

일반적인 시선	· 로제 파스타나 떡볶이, 와인으로 유명함 · 10대들 사이에서 유행하는 신메뉴 · 로제는 분홍빛이라는 뜻임 · 떡볶이 양념 혹은 토마토 소스에 생크림을 추가로 넣어 만듦 · 치즈와 당면, 라면 등 다른 토핑을 추가할 수 있음 · SNS에서 폭발적인 화제가 되고 있음
나만의 시선	· **맛**: 입안이 얼얼하게 탁 쏘다가도 어느새 생크림처럼 부드럽게 감 싸 와 이랬다저랬다 정신 못 차리게 해. → 좀처럼 정체를 알 수 없는 묘한 상대에게 끌리는 감정을 표현 · **토핑**: 단조로운 네 일상에 나란 토핑을 뿌릴게. 입안에서 펼쳐지 는 색다른 내 매력에 지루할 틈 없을 걸. → 알콩달콩 심심할 틈 없는 10대들 이야기를 그린 걸그룹의 가사에 어울릴 듯한 표현 · **로제** : 입안에서 피어나는 로제 빛깔 감정 한 송이 → 새롭게 피어나는 핑크빛 감정을 로제로 표현

예시처럼 로제에 관한 나만의 시선을 나타낸 표현을 두 개 더 찾아보자.

수정 연습

대형기획사에서 아티스트의 앨범을 제작할 때 여러 소속사의 작사가들에게 가사를 제출받고, 1차 컨펌 후 바로 가사가 발매되는 경우는 별로 없다. 한두 번 정도의 수정을 거치고 가사가 발매된다. 수정이 중요한 이유는 수정 가사의 퀄리티가 미흡하면 1차 컨펌이 취소될 수 있기 때문이다. 그러므로 평소에 수정 연습을 틈틈이 해 두면 1차 컨펌의 기회가 생겼을 때 많은 도움이 된다.

수정 시 주의할 점:

수정할 부분이 앞뒤 문맥과 연결이 잘 이루어져야 한다.

기존 가사보다 퀄리티가 좋아야 한다.

같은 내용이나 감정을 여러 가지 다른 단어나 구문으로 표현할 수 있어야 한다.

1. 필자가 작사에 참여한 슈퍼주니어의 <SUPER>라는 가사의 1차 컨펌을 받고, 실제로 SM에서 수정 요청이 온 부분을 밑줄로 체크해 두었다. 만약 내가 이 곡의 수정 요청을 받았다면 어떤 방식으로 수정 시안을 작성해 제출할지 5개씩 만들어 보자.

SUPER

노래: 슈퍼주니어

Take you want to something
Take you want to something
Take you want to something
Flash

우린 끝이 없이 SUPER
거침없이 SUPER Duper
Cause Down Down Down
You got me something

모두 기다려온 SUPER
우린 시작부터 SUPER
거침없이 SUPER Duper
Cause Down Down Down
You got me something

흩어졌던 별들이 마침내 제자리
지루한 분위기를 반전시켜 또 한 번 네 맘
을 훔칠 시간
눈이 부신 빛이 겹쳐진 순간 타오르는
Shine Yeah

다시 크게 외쳐 SUPER

이하는 반복 생략

시안1)

모두 기대해 줘 SUPER
굳이 티 안내도 SUPER
화려하게 SUPER Duper

시안2)

시안3)

시안4)

시안5)

2. 쑨의 <36.5>는 멜로디와 가사가 다 나오고 수정하는 과정에서 브릿지 멜로디가 추가돼 이후에 쓰여진 경우이다. 내가 직접 브릿지 가사를 쓴다고 생각하고 음절수에 맞게 칸을 채워 보자. 보통 아티스트에게 수정이나 추가 가사 시안을 보낼 때는 적어도 5개 이상의 선택지는 주어야 하므로 5개씩 시안을 만들어 보자.

36.5

노래: 쑨

verse1)
너의 체온 닮은
이 계절을 좋아해
네 숨결 같은
바람이 부니까
꼭 쥔 아이스라떼, 투명한 얼음
입안에 녹아 드는 설레임들

pre-chorus)
이렇게 눈부신 여름이 와
심장 소리에 리듬을 타
너의 뜨거운 품에 안긴 듯
Always (Always Always)
더 멀리 여행은 필요 없어
너와 두 손을 잡은 순간
우리 발끝에서 펼쳐진 Ocean

chorus)
Baby, Don't let go
너무 완벽한 이순간
두 손에 땀이 차도 널 놓기 싫어 Oh~
Baby, Don't let go
365일 동안
우리 둘만의 끝이 없을 이 여름

verse2)
오후 두시 같은
네 뜨거운 눈빛에
조심스럽던
망설임은 사라져
하얀 모래사장 위에 너와 나
일렁인 맘과 마음 사이로

pre-chorus)

저 푸른 파도가 밀려오고

그 속에 한없이 빠져들어

지켰던 선은 모래처럼 다 지워져

No way, No way

네게 한발 더 다가가서

우리 두 눈을 마주치면

언제 어디서든

Summer paradise

chorus) 반복

bridge)

OOO OO

OOO OOOOO

OOO OO OOOO

OO OO OOO

OOOOO OOO

OOO OOOO

chorus)

Baby, Don't let go

해가 저무는 밤에도

이 열기가 식지 않게 날 안아줘 Oh

Baby, Don't let go

지금 모든게 충분해

서로 어깨를 감싼 너와 나

나란히 걷는 너와 나

곁에 있어줄 너 하나면 돼

시안1) 실제로 숀에게 보냈던 브릿지 시안 중 하나

태양아래 선

You and me 더운숨으로

1분1초가 녹아내려

맘의 적도를 찾은

You and me 여름보다 더

뜨겁게 타오르네

186

시안2)

시안3)

시안4)

시안5)

영어 자수 따기 실습

영어 가사로 연습하기

《그니까 작사가 뭐냐면》에서 팝송으로 자수 따는 과정을 보여 주고 싶었지만 국내에서 팝송에 대한 저작권 사용 승인을 받는 것이 여의치가 않아 온전히 공개할 수 없어 아쉬웠다. 다행히 가수 강균성이 '리본(ReVorn)'으로 〈Road View〉라는 한국어 가사를 영어 버전으로 발매한 곡이 있어 그것으로 영어 자수 따는 방법을 보여 주고자 한다. 영어 자수를 제대로 따는 법을 알아야 하는 이유는 연예기획사에서 의뢰하는 데모곡 가사의 대부분이 영어로 이루어져 있기 때문이다. 그 영어 데모를 받아 한국 작사가들이 한국어를 입혀 작업하는 과정이 일반적이므로 영어 가사 음절을 제대로 딸 줄 모르면 작사 작업 자체가 불가능한 경우가 많다. 이 가사는 한국어로도 발매되어 있기 때문에 연습 후 한국어 가사가 어떻게 입혀져 있는지까지 꼭 확인해 보길 바란다. 한국어와 영어발음의 특성상 한두 군데 음절 차이는 있지만 거의 흡사하다.

Road View

노래: 리본(ReVorn)

verse1)
Another day feeling like I'm stuck in my room
00 00 0 000 00 00
Cause it's the time the only time of freedom
000 000 00 0 00
Jump onto the screen
000 00
This small screen lets me go anywhere
00 00 00 00 00
Everywhere I wanna be
000 0 000

→ 한국어 가사와 영어 가사 음절이 조금 차이나는 부분

It's right here before my eyes
0 000 000

chorus)
Click on my paradise
00 00 000
Endless paradise
00 000

→ 한국어 가사와 영어 가사 음절이 조금 차이나는 부분

It all becomes vivid at once

0000 0000
Take me to another world
00 00 000
So I can run
0000
all around with all my might
0000 000
I feel like a bird
0 0000
I feel like a bird
0 0000
It's my endless Road view
00 00 000

verse2)
So I stop all the streets and roads to go for a ride
00000 000 0 000
Cause in this screen it's just me it's only me
0 00 00 00 0 000
Outdo the time frame
000 00
When I touch the other side of the world
00 0000 0000
The sunshine a new light
000 000
The sun shines right on me

0 000 000

chorus)
Click on my paradise
00 00 000
Endless paradise
00 000
It all becomes vivid at once
0000 0000
Take me to another world
00 00 000
So I can run
0000
all around with all my might
0000 000
I feel like a bird
0 0000
I feel like a bird
0 0000
It's my endless Road view
00 00 000

chorus) 반복

앞의 영어 가사가 한국어 가사로 어떻게 입혀졌는지 확인해 본다.

Road View

노래: 리본(ReVorn)

verse1)

방에 갇힌 듯 반복된 일상 속에

유일한 탈출구 같은 이 순간

지도를 열어 작은 화면 속엔 뭐든 있어

가고 싶던 그곳 내 앞에 다 불러와

chorus)

Click on my paradise

눈부신 풍경이 한순간에 선명해져

Take me to another world

거침없이 달려가는 이 순간

난 자유로워

난 자유로워

끝이 없는 로드뷰

chorus)

Click on my paradise

눈부신 풍경이 한순간에 선명해져

Take me to another world

거침없이 달려가는 이 순간

난 자유로워

Click on my paradise

눈부신 풍경이 한순간에 선명해져

Take me to another world

거침없이 달려가는 이 순간

난 자유로워

난 자유로워

끝이 없는 로드뷰

verse2)

소란스럽던 거리도 다 멈추고

이 장면 속엔 오직 나 하나만

시차를 넘어 지구 반대편을 터치하면

그곳의 햇살이 따스하게 날 비춰

음절을 따는 방식은 개인별로 차이가 있을 수 있다. 예시와 떼어쓰기, 줄 바꿈이 딱 맞지 않다고 해서 틀린 것은 아니니 참고하길 바란다. 데모의 대부분은 이렇듯 영어 가사로 오는 경우가 많기 때문에 영어 발음에 맞게 음절을 따는 연습을 하면 많은 도움이 된다. 최근 영어 가사로 발매되는 K-POP곡들도 늘어나는 추세이므로 그런 곡들을 이용해 앞에서와 같은 방식으로 음절 따기 연습을 해 두자.

다음 영어 가사로 쓰여진 K-POP곡들을 같은 방식으로 음절 따기 연습을 해 보자. 영어 가사는 멜론에서 찾아본다!

1. KEY <Imagine>

2. BTS <Butter>

3.투모로우바이투게더 <Magic>

Class 2

작사 심화편 :
작사 즐기기

캐릭터 분석

가사에서 캐릭터 만드는 법

작사가들이 가사를 쓸 때 중요하게 생각하는 포인트 중 하나가 바로 화자의 캐릭터이다. 드라마 대본도 아니고 3, 4분짜리 짧은 가사 하나에 무슨 캐릭터까지 필요할까 싶지만 가사가 공감대를 형성할 만한 설득력을 가지려면 가사 안에서 분명하고 일관성 있는 캐릭터를 표현해 내야 한다. 특히나 K-POP 아이돌 곡들은 단순히 들려지는 것에서 그치지 않고 공연을 위한 곡들이 많아서 캐릭터가 입체적으로 표현될수록 의상 코디나 다채로운 안무로 무대를 꾸미기에도 용이하다.

캐릭터 구축은 많은 작사가 지망생들이 궁금해 하고 어려워하는 부분이다. 가사에서 캐릭터는 첫째, 가수의 이미지가 그대로 투영되는 경우 둘째, 다른 특정 캐릭터를 가수에 투영시키는 반대의 경우가 있다.

작사가들 중에서는 남자 캐릭터와 여자 캐릭터 중 어느 한 성별에 특화된 경우가 있다. 여자 작사가들 중에선 의외로 여성보다는 남성 캐릭터를 표현하는 것이 더 편하다고 느끼는 사람들도 많다. 필자 역시 그렇다. 남자 캐릭터의 가사를 쓸 때가 더 편하다. 정확한 이유는 모르겠지만 아마도 성격과 취향이 반영되는 것 같다.

가수의 이미지가
그대로 캐릭터에 투영된 경우

우선 첫 번째 케이스는 필자가 최근에 작업했던 SM엔터테인먼트의 슈퍼주니어 10집 1번 트랙 〈SUPER〉라는 곡으로 설명할 수 있겠다. 곡을 의뢰받았을 때 오랜만에 완전체로 컴백하는 슈퍼주니어의 첫 문을 여는 느낌이었으면 좋겠다는 디렉션을 받았다. 앨범 콘셉트도 르네상스고, 데모 자체도 굉장히 세련되고 화려한 느낌이었다.

이 곡에서 슈퍼주니어의 캐릭터를 어떻게 구현하면 좋을지 고민하다가 'SUPER STAR'라는 단어가 떠올랐다. 슈퍼주니어가 원래 가지고 있는 슈퍼스타의 이미지를 이 화려하고 멋진 곡에서 눈부신 '별'이라는 캐릭터로 살리면 잘 어울릴 것 같았다. 실제 가사에서 보면 '흩어졌던 별들이 마침내 제자리'라는 표현이 있다. 그동안 '각자 흩어져서 자신의 분야에서 최고의 활약을 보여 준 슈퍼주니어 멤버들이 10집 활동을 위해 한 자리에 모인다'라는 의미를

201

표현하는 한 줄이다. 이 구절은 슈퍼스타의 이미지를 가진 슈퍼주니어의 캐릭터를 가사에 은유적으로 표현한 예라고 볼 수 있다.

또한 가사에 '눈이 부신 빛이 겹쳐진 순간 타오르는 Shine'이라는 문장이 있는데 모두가 슈퍼스타인 각 멤버들의 에너지가 한 곳에 모이면 굉장한 영향력과 파급력을 가질 것임을 은유적으로 표현한 한 줄이다. 이런 표현들은 슈퍼주니어의 슈퍼스타적인 캐릭터를 가사에 직접 반영한 적절한 예이다. (가사는 183p를 참고한다.)

가수의 이미지가 그대로 캐릭터에 투영된 또 다른 예시를 찾아서 연습해 보자. * 가사는 멜론에서 직접 찾아본다.

예시) 아이유의 <삐삐>라는 곡의 가사를 찾아보고, 실제 아티스트의 이미지가 가사에 어떻게 활용됐는지 분석해 보자.

이 가사는 악플러들에게 보내는 아이유의 경고 메시지를 삐삐라는 의성어로 표현했다. 자칫 심각하고 무겁게 흘러갈 수 있는 주제를 위트 있고 유머러스하게 풀어낸 점이 인상적이다. 아이유의 평소 말투나 생각들을 가사에 그대로 녹여낸 듯한 구문들이 가사의 화자가 실제 아이유인 것을 어렵지 않게 찾을 수 있다. 악플러를 대하는 자세마저도 어른스럽고, 침착하고, 시크한 아이유의 멋진 캐릭터가 돋보이는 가사이다.

1. 임영웅의 <이제 나만 믿어요>라는 곡의 가사를 찾아보고, 실제 아티스트의 이미지가 가사에 어떻게 활용됐는지 분석해 보자.

2. 방탄소년단의 <MIC Drop>이라는 곡의 가사를 찾아보고, 실제 아티스트의 이미지가 가사에 어떻게 활용됐는지 분석해 보자.

특정 캐릭터를 차용해 쓰는 경우

두 번째는 특정 캐릭터를 가사에 차용해 쓰는 것인데 최근에 작업한 더보이즈의 일본 정규 1집 앨범 수록곡 〈EINSTEIN〉을 예로 들어 보겠다.

일단 아인슈타인 하면 떠오르는 긍정적인 이미지가 뭘까?

틀을 깨는 남다른 생각, 창의적인, 새로운, 신선한, 뭐 이런 단어들이 쉽게 떠오른다. 이것을 스타로 급부상한 더보이즈라는 핫한 보이그룹에 접목시키면 어떻게 될까? 캐릭터를 잘 살리려면 해당 가수에 대한 사전 조사가 필수이다.

더보이즈라는 그룹은 얼마 전 엠넷의 〈로드 투 킹덤〉이라는 경연 프로그램에서 창의적인 안무와 기발한 무대 연출로 주목을 받아 우승을 거머쥐었다. 이런 점들이 가사에 반영됐다. 아인슈타인처럼 틀을 깨는 생각과 열정으로 본인만의 새로운 길을 개척해 나가는 캐릭터를 가사에 차용해 표현했다.

틀 안에 갇히고 싶지 않다는 의미를 상징하는 삐딱하게 서 있는 눈에 그려지는 장면이라든지, 나도 발견하지 못했던 내 안의 눈부신 자아를 깨운다는 표현들은 아인슈타인 캐릭터에서 찾을 수 있는 창의적이며 진취적인 특징을 화자의 이미지에 차용해 더보이즈라는 그룹이 한층 더 돋보이도록 캐릭터가 구현됐음을 알 수 있다.

특정 캐릭터를 차용해 쓴 또 다른 예시를 찾아서 연습해 보자.

* 가사는 멜론에서 직접 찾아본다.

예시) 아래 두 가사에서 차용한 캐릭터는 피노키오로 동일하지만 구현 방식이 확연히 다르다. 두 가사를 찾아보고 각각 피노키오의 어떤 점을 캐릭터로 차용해 주요 이미지로 부각시켰는지 해당 가사를 찾아 밑줄을 긋고 분석해 보자.

① 태민, 비와이 <피노키오>

정답: 피노키오는 거짓말을 하면 코가 길어져서 하는 족족 다 들켜 버리곤 한다. 이 곡에선 피노키오의 그런 이미지를 차용했다. 시적 화자는 이미 거짓말에 능숙해져 습관처럼 아무렇지 않게 거짓말하는 것을 넘어서 정교한 거짓말 속에 구현된 자신이 진짜 나인지, 원래 내가 누구인지 혼란스러울 정도로 완벽히 속여 가며 살고 있는 캐릭터이다. 그런 자신의 모습을 경멸하고 있으므로 거짓말이 쉽게 드러나는 피노키오가 부러울 지경이다.

② f(x) <피노키오>

정답: 보통 피노키오를 생각하면 떠오르는 거짓말의 이미지가 아닌, 제페토 할아버지에 의해 조립된 '인형 피노키오'의 특징을 캐릭터로 차용했다. 제페토 할아버지가 피노키오를 조립해 생명을 불어넣은 것처럼 내가 좋아하는 너를 작은 부품 하나하나까지 다시 조립해서 새롭게 태어나게 해 주고 싶다는 가사가 신선하고 재미있다. 발매된 지 꽤 오래된 곡임에도 여전히 많은 사람들의 사랑을 받고 있다.

1. 아래 두 가사에서 차용한 캐릭터는 Devil로 동일하지만 구현 방식이 확연히 다르다. 두 가사를 찾아보고, 각각 Devil의 어떤 점을 캐릭터로 차용해 주요 이미지로 부각시켰는지 해당 가사를 찾아 밑줄을 긋고 분석해 보자.

① 슈퍼주니어 <Devil>

② CLC <Devil>

2. 아래 두 가사에서 차용한 캐릭터는 고양이로 동일하지만 구현 방식이
확연히 다르다. 두 가사를 찾아보고, 각각 고양이의 어떤 점을 캐릭터로
차용해 주요 이미지로 부각시켰는지 해당 가사를 찾아 밑줄을 긋고
분석해 보자.

① 선우정아 <고양이>

② 체리필터 <고양이>

3. 아래 두 가사에서 차용한 캐릭터는 Monster로 동일하지만 구현 방식이 확연히 다르다. 두 가사를 찾아보고, 각각 Monster의 어떤 점을 캐릭터로 차용해 주요 이미지로 부각시켰는지 해당 가사를 찾아 밑줄을 긋고 분석해 보자.

① EXO <Monster>

② 레드벨벳-아이린&슬기 <Monster>

4. 아래 두 가사에서 차용한 캐릭터는 마녀로 동일하지만 구현 방식이
확연히 다르다. 두 가사를 찾아보고, 각각 마녀의 어떤 점을 캐릭터로
차용해 주요 이미지로 부각시켰는지 해당 가사를 찾아 밑줄을 긋고
분석해 보자.

① 여자친구 <MAGO>

② 원어스 <뿌셔>

캐릭터 만들 때 주의할 점

마지막으로 가사에서 캐릭터를 만들 때 주의할 점은 그 캐릭터가 아티스트와 곡의 분위기에 어울려야 하며 대중적 공감대가 형성돼야 한다. 또한 해당 아티스트의 이미지에 긍정적인 영향을 미칠 수 있어야 한다는 점이다. 지금까지 가사에서 캐릭터를 만드는 두 가지 방법과 주의 사항에 대해 이야기했다. 프로 작사가를 꿈꾸는 사람들은 평소에 K-POP 스타들에 대해 관심 있게 공부해 두면 캐릭터를 만드는 데 도움이 될 것이다.

1. 캐릭터가 아티스트와 곡의 분위기에 어울려야 함

2. 아티스트의 이미지에 긍정적인 영향을 미칠 수 있어야 함

3. 평소에 아티스트에 대해 꾸준히 공부해 두면 가사에서 캐릭터를 구현할 때 도움이 됨

가사에서 자주 쓰이는 단어의 다양한 표현들

가사를 쓸 때엔 사물을 바라보는 딱 한 뼘 정도 다른 생각을 가지고 있는 것이 바람직하다. 너무 보편적인 생각으로 가사를 쓰면 표현이 뻔하거나 식상할 수 있고, 반대로 이해하기 힘든 특이한 생각으로 가사를 쓰면 공감대를 형성하기 힘들기 때문이다. 이런 표현들을 고민 끝에 찾아내고 내 가사에 적용시키기 위해서는 기존 작사가들이 어떤 시선을 가지고 가사를 썼는지 찾아서 공부하는 것만큼 좋은 방법은 없다. 그럼 가사에서 자주 사용되는 단어의 몇 가지 예시를 통해 가사를 쓸 때 필요한 한 뼘 다른 아이디어란 어떤 것인지 하나씩 알아보자.

Home

Home을 표현하거나 소재로 삼은 가사 중 참고할 만한 곡들은 아래와 같다. 예시 곡을 우선 한두 번씩 들어 본 후 가사에서 Home이 나오는 부분을 적어 보고, 어떤 식으로 표현했는지 분석해 보자.

① 숀 <Way Back Home>

(생략)	그만
수없이 떠난 길 위에서	그만
난 너를 발견하고	멈춘 시간 속
비우려 했던 맘은 또	잠든 너를 찾아가
이렇게 너로 차올라	아무리 막아도
발걸음의 끝에	결국 너의 곁인 걸
늘 니가 부딪혀	길고 긴 여행을 끝내

이젠 돌아가	이 마음 그 위로
너라는 집으로	넌 또 한 겹 쌓여가
지금 다시	내겐 그 누구도 아닌
way back home	니가 필요해
(중략)	돌아와 내 곁에
눈을 감으면	그날까지
소리 없이 밀려와	I'm not done

예시) 떠올리지 않으려 애쓰고, 잊으려고 애써도 결국 또 생각나고야 마는 너를 Home으로 비유한 점이 인상적이다. 어디를 가든 누구를 만나든 하루의 끝에 다시 되돌아올 수밖에 없는 집을 너로 표현했다. 이별을 길고 긴 여행으로 설정해서 이별을 끝내고 다시 너를 보러 가고 싶은 마음 혹은 다시 만나고 싶다는 메시지를 'way back home'이라는 구문으로 전달하는 명품 가사이다.

② 세븐틴 <Home>

③ NCT DREAM <Dear DREAM>

④ 에픽하이 <빈차>

롤러코스터

롤러코스터를 표현하거나 소재로 삼은 가사 중 참고할 만한 곡들은 아래와 같다. 예시 곡을 우선 한두 번씩 들어 본 후 가사에서 롤러코스터가 나오는 부분을 적어 보고, 어떤 식으로 표현했는지 분석해 보자.

① 방탄소년단 <잠시>

예시) 코로나로 잠시 만나지 못하고 있는 팬들 혹은 친구나 연인과의 관계를 꽤나 긴 롤러코스터로 비유해 재치 있게 표현했다. 꽤나 길어지고 있는 코로나 상황 속에서 조급할 건 없지만 지루하지 않게 롤러코스터를 탄 것처럼 우리의 속도를 맞춰 함께 나가 보자라는 발상이 재미있다. 점점 지치고 힘겨워 지는 코로나 상황에서 팬들의 마음을 유쾌하게 다독여 주는 표현이다.

② NCT 127 <롤러코스터>

③ 백현 <놀이공원>

④ 샤이니 <JUMP>

별

별을 표현하거나 소재로 삼은 가사 중 참고할 만한 곡들은 아래와 같다. 예시 곡을 우선 한두 번씩 들어 본 후 가사에서 별이 나오는 부분을 적어 보고, 어떤 식으로 표현했는지 분석해 보자.

① 아이유 <Celebrity>

예시) 왼손잡이에게 콤플렉스를 부여하는 시선이 우리 사회엔 여전히 남아 있다. 남들과 다르고 조금 모자라고 부족하지만 너라는 존재 자체로 넌 이미 셀러브리티, 빛나는 사람이라는 의미를 전달하기 위해 널 소수를 대변하는 왼손으로 그린 독특한 별이라고 표현한 점이 소름 돋게 좋다. 완벽하진 않지만 자신만의 길을 걸어가는 모습을 서툴지만 오롯이 나만의 발걸음으로 자취를 새겨 가는 별자리로 표현한 점도 밑줄 치고 배울 점이다.

② 노을 <별의 시작>

③ 성시경 <외워 두세요>

④ 디오 <괜찮아도 괜찮아>

꽃

꽃을 표현하거나 소재로 삼은 가사 중 참고할 만한 곡들은 아래와 같다. 예시 곡을 우선 한두 번씩 들어 본 후 가사에서 꽃이 나오는 부분을 적어 보고, 어떤 식으로 표현했는지 분석해 보자.

① HYNN (박혜원) <시든 꽃에 물을 주듯>

예시) 콘셉트이자 가사의 주요한 줄인 제목이 모든 것을 대변하고 있다. 회복될 가망이 없는 관계를 시들어 가는 꽃에 무표정하고 무심하게 물을 주는 장면으로 표현했다. 가사를 읽는 것만으로도 영화처럼 장면이 펼쳐진다. 메말라 비틀어져 가는 꽃에 물을 주는 행위가 이미 퇴색한 관계에 대한 별 의미 없는 노력 혹은 별 기대 없는 행동을 상징하고 있다는 점이 인상적이다.

② 첸백시 <花요일>

____

____

____

____

③ NCT DREAM <Hello Future>

____

____

____

____

④ 공소원 <마른꽃>

조각

조각을 표현하거나 소재로 삼은 가사 중 참고할 만한 곡들은 아래와 같다. 예시 곡을 우선 한두 번씩 들어 본 후 가사에서 조각이 나오는 부분을 직접 적어 보고, 어떤 식으로 표현했는지 분석해 보자.

① 유재하 <내 마음에 비친 내 모습>

예시) 현실과 꿈 사이에서 방황하며 조금씩 자신을 잃어 가는 것만 같은 불안함과 이룰 수 없는 꿈에 대한 아쉬움을 '붙들 수 없는 꿈의 조각들은 하나둘 사라져 가고'라고 표현했다. 최신 K-POP 가사에서도 조각을 이용한 공감각적 표현들이 많이 쓰이는데 이 곡이 시초가 아니었을까 싶을 정도로 조각에 대한 표현이 아름답고 아련하다. 오랜 시간이 지났지만 여전히 레전드 가사이다.

② 이소라 <신청곡>

③ 태연 <Fine>

④ 러블리즈 <여름 한 조각>

타투

타투를 표현하거나 소재로 삼은 가사 중 참고할 만한 곡들은 아래와 같다. 예시 곡을 우선 한두 번씩 들어 본 후 가사에서 타투가 나오는 부분을 적어 보고, 어떤 식으로 표현했는지 분석해 보자.

① 트와이스 <SAY YOU LOVE ME>

예시) 매일매일 고민해서 머릿속에 박혀 버린 고백에 관한 이야기를 타투라고 귀엽게 표현한 가사가 인상적이다. 타투는 보통 지워지지 않는 너의 기억이라든지 그것에 비롯된 상처에 관한 것들이 대부분인데 기존 가사에서 볼 수 없던 밝은 이미지의 타투로 표현한 점이 좋았다.

② 더보이즈 <TATTOO>

③ 적재 <타투>

정원 (Garden)

정원을 표현하거나 소재로 삼은 가사 중 참고할 만한 곡들은 아래와 같다. 예시 곡을 우선 한두 번씩 들어 본 후 가사에서 정원이 나오는 부분을 적어 보고, 어떤 식으로 표현했는지 분석해 보자.

① 아이유 <Blueming>

예시) 가사가 정말 천재적이다. 휴대전화의 카톡 화면이 정원이고, 썸타는 누구와 톡하면서 피어나는 설렘을 엄지손가락으로 꽃을 피워 낸다는 가사로 표현했다. 이런 감정을 오직 둘만이 공유하며 즐기는 것을 비밀 정원이라는 키워드로 풀어냈다. 설렘이 그저 설렘으로 끝나지 않고 꽃의 시듦의 과정까지도 자연스럽게 사랑의 일부로 받아들이고 아름답게 지켜 가고자 하는 감정의 마무리까지 완벽한 가사이다.

② 오마이걸 <비밀정원>

③ 방탄소년단 <전하지 못한 진심>

④ 보아 <공중정원>

꿈

꿈을 표현하거나 소재로 삼은 가사 중 참고할 만한 곡들은 아래와 같다. 예시 곡을 우선 한두 번씩 들어 본 후 가사에서 꿈이 나오는 부분을 적어 보고, 어떤 식으로 표현했는지 분석해 보자.

① 넬 <Dream catcher>

예시) 포기하지 않는 자신의 꿈을 놓지 않는 드림캐쳐로 표현했다. 무향실은 소리가 완전히 흡수돼 버리는 방이나 공간을 의미하는데 아무리 외쳐도 아무도 내 꿈에 관한 이야기를 들어 주지 않는 세상을 의미한다. 녹록하지 않은 현실 속에서 꿈을 손에 움켜쥔 드림캐쳐로서 살아가는 것이 쉽지 않지만 끝까지 놓지 않겠다는 의지를 보여 주는 가사이다.

② 수지, 백현 <Dream>

____

____

____

____

③ NCT U <단잠 (All About You)>

____

____

____

____

④ 더보이즈 <자각몽>

시계 혹은 시간

시계 혹은 시간을 표현하거나 소재로 삼은 가사 중 참고할 만한 곡들은 아래와 같다. 예시 곡을 우선 한두 번씩 들어 본 후 가사에서 시간이 나오는 부분을 적어 보고, 어떤 식으로 표현했는지 분석해 보자.

① 투모로우바이투게더 <5시 53분의 하늘에서 발견한 너와 나>

예시) 5시 53분은 개와 늑대의 시간 즉, 낮과 밤의 경계에 놓인 시간이다. 마법이라고 표현된 노을이 내리는 시간이기도 하다. 낮과 밤의 경계선을 이 곡에서는 '두 세계의 경계'라고 표현했는데 두 세계가 만나는 마법 같은 시간인 5시 53분, 그 찰나에는 어쩌면 우리도 '사랑과 이별의 혹은 현재와 과거의 경계선에서 다시 예전처럼 아름다운 사이로 남을 수 있지 않을까'라는 바람을 담고 있다. 시간이 멈추길 바라고 그 시간에 갇히고 싶다는 것은 영원히 머물고 싶은 이 찰나가 영원하지 않음을 이미 알기 때문이다. 개와 늑대의 시간을 신비롭게 풀어낸 좋은 가사이다.

② 태연 <11:11>

③ 아이유 <금요일에 만나요>

④ 우원재 <시차 (We Are)>

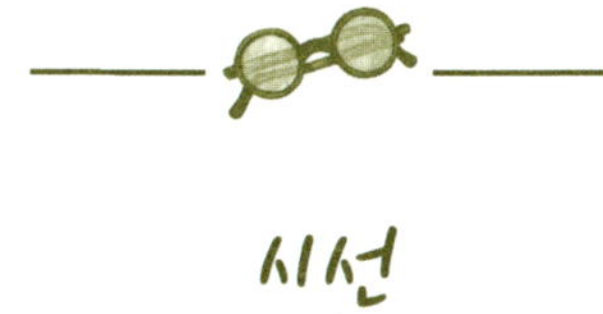

시선

시선을 표현하거나 소재로 삼은 가사 중 참고할 만한 곡들은 아래와 같다. 예시 곡을 우선 한두 번씩 들어 본 후 가사에서 시선이 나오는 부분을 적어 보고, 어떤 식으로 표현했는지 분석해 보자.

① 박재범 <All I wanna do>

예시) 첫눈에 상대에게 빠져드는 상황을 시선을 이용해 효과적으로 표현했다. 입고 있는 시스루 옷처럼 네 마음도 다 보인다는 구절이, 네 시선이 내 몸을 감아 얽혀서 아무도 풀지 못한다는 구절이 이 순간을 관통하는 감정을 눈에 그려지게 한다. 상상을 자극하면서도 위트 있고 재미있는 가사이다.

② NCT 127 <같은 시선 (Focus)>

____

____

____

____

③ EXO <시선 둘, 시선 하나 (What if...)>

____

____

____

____

④ 볼빨간사춘기 <나의 사춘기에게>

기억

기억을 표현하거나 소재로 삼은 가사 중 참고할 만한 곡들은 아래와 같다. 예시 곡을 우선 한두 번씩 들어 본 후 가사에서 기억이 나오는 부분을 적어 보고, 어떤 식으로 표현했는지 분석해 보자.

① 헤이즈 <헤픈 우연>

예시) 우연이라고 하기엔 이상하리만치 자주 마주치는 그 사람과 내가 원래 하나였는데 그 기억이 지워져서, 서로의 존재를 모른 채 주위를 맴돌며 운명인 서로를 찾고 있는지도 모른다는 내용의 가사이다. 운명 같은 우연을 혹은 우연 같은 운명을 믿고 싶은 화자가 원래 하나였던 우리의 기억이 지워진 것인지도 모른다고 생각하는 발상이 신선하다.

② Raiden, 찬열 <Yours>

③ 토이 <내가 너의 곁에 잠시 살았다는 걸>

④ 넬 <기억을 걷는 시간>

Level 11

다양한 콘셉트의 가사

어두운 내면의 이야기

지금의 불안한 현실과 알 수 없는 미래를 견뎌 내야 하는 현대인에게 우울증과 불면증, 공황장애는 더 이상 낯선 병명이 아니다. 개인별로 정도의 차이는 있겠지만 누구나 이런 증상을 경험해 봤거나 아슬아슬하게 경계에 걸쳐져 있을지도 모른다. 대중 앞에 서야 하는 아티스트는 특히 일반인보다 빈도나 강도가 더 심할 수 있다. 사생활을 온전히 보장받기 힘들어 일거수일투족이 여과 없이 드러나고, 의도와 달리 왜곡되어 해석되는 폭력에 가까운 시선에 무방비로 노출된 일부 아티스트들의 멘탈은 부서질 위험이 높아 보이는 것이 사실이다. 이런 내면의 어두운 이야기들을 굳이 숨기지 않고 담담하게 가사로 풀어낸 예를 살펴보자.

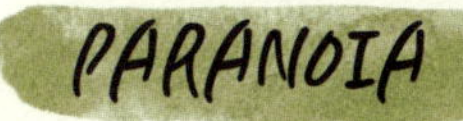

PARANOIA

노래: 강다니엘

La-La
La-La-La
La-La, La, La
La
La-La
La-La-La
La-La, La

verse1)
어두운 밤보다 낮이
무서워져
빛이 닿지 않는
내 방이
익숙해져 하나씩
Am I just crazy or
dreamin' awake?
이제는 I can't escape
반복된 하루에 무뎌져가-
oh i no

pre-chorus)
눈을 가려
Demons in the night
Para-Noia
Don't you look behind!

chorus)
Oh my my my

난 숨겨져 있길 원해
Don't ma, ma, mind
아무도 찾지 못하게

You can run
You can hide
But they always find
번져가 in your heart
They live in the dark!

La-La
La-La-La (Uh!)
La-La, La

verse2)
빛 하나 없는 공간
어둠이 올 때
표정따윈 다 사라져 또 이렇게
끊임없이 들려와 지독한 밤
Wasn't with me back
then
but they right here now

날 찾아오는 악몽에
Nightmares make me go
insane
까맣게 짙어진 밤
내 맘속에 있는 monster

Alone in the dark

pre-chorus)
눈을 가려
Demons in the night
Para-Noia
Don't you look behind!

[Chorus-Repeat]

La-La
La-La-La
La-La, La, La
La
La-La
La-La-La
They live in the dark!
La-La
La-La-La
La-La, La, La
La
La-La
La-La-La

이하 반복 생략

강다니엘의 〈PARANOIA〉라는 곡의 가사이다. 이 노래는 강다니엘이 직접 가사를 써서 더욱 화제가 되기도 했다.(밑줄 표시가 강다니엘이 참여한 부분) '파라노이아'의 사전적 의미는 편집증, 피해망상으로 체계적이고 논리적인 망상을 지속적으로 고집하는 병적 상태이다. 즉 누군가 자신에게 적의가 있어 자신을 미워하고 해치려 하는 공포감에 끊임없이 사로잡혀 있는 상태이다. 앨범 발매 당시 강다니엘의 인터뷰 기사를 참고해 보면 가사에 본인이 실제로 겪었던 일과 감정을 풀어냈다고 한다. 평소 멘탈이 강하다고 자부해 왔던 강다니엘이 악플로 인해 고통받는 시간을 견디다 우울증과 공황장애 진단을 받고 활동을 다 마치지 못한 채 중단해야 했던 시기가 있었는데 그때의 이야기를 가사에 담았다고 한다.

가사에서는 보이지 않는 곳에서 이유 없는 비난과 조롱을 쏟아 내는 악플러들을 어둠에 사는 Demon이라고 묘사했다. 그들의 눈을 피해 아무도 찾지 못하게 숨어 있고 싶어 빛이 닿지 않는 방에 스스로를 가둬 두고 있으며 이런 패턴에 점점 익숙해지고 있다는 표현이 담담해서 더 절망적으로 느껴진다. 2절에서는 칠흑 같은 어두운 톤이 가사에 덧입혀져 있다. 빛 하나 없는 방에 어둠이 찾아온 것도 모자라 그 상태로 악몽까지 겹쳐져 밤이 더 짙어지고 있다. 표현할 수 있는 한도 내에서 가장 어두운 채도와 명도의 어둠에 빗대어 본인의 불안한 심리 상태를 표현한 가사가 인상적이다.

Demons는 복수로 표현된 반면, 자신을 표현한 Monster는 어둠에 홀로 있다. 혼자 긴 시간 다수의 악플러들을 견뎌야 했던 아티스트의 외로움과 고통, 절망감이 고스란히 느껴지는 대목이다.

내면의 어두움을 그린 가사들을 찾아보고, 앞의 예시처럼 배울 점 혹은 좋은 표현들을 세 가지씩 찾아 보자.

1. 스트레이 키즈 <불면증>

①

②

③

2. 아이유 (Feat. 종현 Of SHINee) <우울시계>

①

②

③

3. 코드 쿤스트 (Feat. JUSTHIS) <Born from the Blue>

①

②

③

여름 콘셉트 곡

FW(가을, 겨울)와 SS(봄, 여름)의 시즌을 미리 준비하는 패션 디자이너들처럼 작사가들도 여름이 되기 몇 달 전부터 계절 시즌송 가사를 미리 작업하게 된다. 최소 앨범 발매 2, 3개월 전에는 가사가 정해져야 무대 안무나 의상 등 앨범 활동을 위한 여러 가지를 준비할 수 있기 때문이다. 작사가들에게 맡겨지는 계절송은 보통 여름 노래 위주이다. 여름 노래는 해마다 수없이 쏟아지고 있어서 더 이상 새로운 아이템이 나올 수 있을까 싶을 정도이다. 그렇기 때문에 그 사이에서 차별화된 가사를 쓰려면 어떻게 해야 하는지 예시로 살펴보며 뻔하지 않게 계절송을 쓰는 요령에 대해 이야기해 보겠다.

노래: 레드벨벳

intro)
I like it like a milkshake
(Shake shake shake)
I like it like a milkshake
(Shake shake shake)
Milkshake

verse1)
차갑고 진한 Milkshake
혀끝에 퍼져 찡한 감각
Make me crazy
불투명한 You babe
읽을 수 없어
그래서 더 끌리는 이유

pre-chorus)
반전 같은 Vanilla 향
말투는 Nice 그게 단서
부드럽게 날 휘몰아
맘에 All night 파고들어

rap)
Oh my 머린 깨질 듯 핑핑 돌지
Oh my 닿은 순간 얼얼하지
So high 낯선 기분 짜릿하지
Ahnana ooh-la-la-la I like it

chorus)
딱 한 입 머금어도 티가 나
입술 위 하얀 거품 자꾸만
모른 척 숨겨도 딱 너잖아
Ah ooh-la-la-la I like it
우윳빛 파도에도 생각나
애매 또 모호해도 자꾸만
점점 더 커지는 맘 너잖아
Ah ooh-la-la-la I like it
I like it like a milkshake
shake shake shake shake
shake
(Shake shake shake)
I like it like a milkshake
shake shake shake shake
shake
(Shake shake shake)

rap)
Ah yeah ah 꽁꽁 얼어붙는 맛
누가 날 얼렸나
한 발도 꼼짝도 못 해 Sugar
네 맛에 중독돼
천천히 녹여서
Yummy yummy yummy ya!
멈출 수 없는 맘
La-la-la-la-la-la-la-la

pre-chorus)
Oh my 땅이 거꾸로 빙빙 돌지
Oh my 블랙홀처럼 빨려 들지
So high 멍한 기분 아찔하지
Ahnana ooh-la-la-la I like it

chorus) 반복

bridge)
태양 아래 Milkshake
단숨에 꿀꺽 원하게 돼
Make me crazy
신비로운 You babe
널 알고 싶어
새하얀 그 속의 비밀을
황홀한 Kiss 두 뺨에 Lips
너 몰래 상상을 채워
녹아들래 네 품 속에

chorus)
딱 한 입 머금어도 티가 나
입술이 날아올라 어쩌나
마시고 마셔도 또 너잖아
Ah ooh-la-la-la I like it
방심한 순간에 넌 밀려와
달달한 눈빛에 난 설레와
온통 이 계절이 다 너잖아

이하 반복 생략

　여름이라는 단어를 가사에서 찾아볼 수 없지만 듣는 것만으로도, 가사를 보는 것만으로도 충분히 여름이 느껴지는 레드벨벳의 〈밀크쉐이크〉라는 곡이다. 여름 시즌송임에도 불구하고 여름이라는 단어가 전혀 노출되지 않은 점이 이 곡을 고른 이유이다. 여름 노래 가사를 쓸 때 설정 배경이 여름임을 대놓고 알려 주는 것도 편한 방법이겠지만 개인적으로 여름을 느낄 수 있는 소재들을 이용해 계절을 간접적으로 드러내는 것이 더 고급스러운 스킬이라고 생각한다. 코러스에서 계속 반복되는 Shake라는 부분을 들어 보면 마치 얼음 조각이 믹서기에 샥샥 갈리고 있는 듯한 느낌이 들면서 멜로디에 착 붙어 조화롭게 어우러지는 것을 느낄 수 있다.

　가사에서 밀크쉐이크를 현재 호감을 가지고 있는 썸남으로 묘사한 점도 흥미롭다. 불투명해서 마음을 읽을 수 없다든지, 한 모금만 머금어도 티가 난다든지, 머리가 깨질 것 같다든지, 달달한 눈빛에 설렌다는 등의 표현들은 밀크쉐이크와 썸남 사이의 교집합을 이용해 캐릭터를 생기 있게 구현해 내고 있다.

　우유를 파도에 비유한 부분과 뜨거운 태양 아래에서 시원한 밀크쉐이크를 들이키는 묘사를 통해 배경이 여름이라는 정보를 전달하고 있는데 한낮의 여름 바다 앞에서 밀크쉐이크를 마시고 있는 레드벨벳이 자연스레 연상되어 더 시원하게 느껴진다. 밀크쉐이크라는 소재와 표현들로 이루어진 완성도 높고 차별화된 여름 노래 가사라고 생각한다.

다음 여름 노래 콘셉트 가사들을 찾아보고, 앞의 예시처럼 배울 점들 혹은 좋은 표현들을 세 가지씩 찾아보자.

1. 전소연 <뼘뼘 (BEAM BEAM)>

①

②

③

2. 레드벨벳 <음파음파>

①

②

③

3. 온앤오프 <여름 쏙 (Popping)>

①

②

③

드라마 OST

드라마나 영화를 보다가 결정적인 순간에 흘러나오는 OST는 장면에 더욱 몰입하게 만든다. 어떤 장면에 OST가 덧입혀지면 주인공들의 이야기에 집중이 훨씬 잘 되는 이유는 무엇일까?

그것은 OST의 가사에서 답을 찾을 수 있다. OST의 가사는 대부분 등장인물의 마음을 대변하고 있기 때문이다. 가사는 등장인물의 속마음을 대신해 주는 경우가 많다. 드라마 속에서 등장인물이 상황상 차마 상대방에게 입으로 내뱉지 못하는 속마음이나 고백을 마치 OST 가사가 말풍선처럼 표현해 주는 것으로 시청자들을 3인칭 전지적 시점에 놓이게 함으로써 감정이 더 고조되게 만들어 준다.

그대였습니다

(<조선혼담공작소 꽃파당> OST)

노래: 정세운

verse1)
따스한 햇살에
눈을 감으면
그대가 불어와
이토록 간절히
바라는 내 맘
그대는 아나요

pre-chorus)
눈이 부시게
아름다웠던 그 날들
나는 아직도
꿈결처럼 바라보죠

chorus)
그댈 그립니다
메마른 내 안에 꽃처럼 피어난 사랑
가득한 그리움
그대였습니다
시간이 흘러도 흐르지 못하고
붉게 번져만 가는 그 마음은

verse2)
그대 모든게
선명한 그때 그날들

단 한 순간도
나는 잊어본 적 없죠

pre-chorus)
그댈 그립니다
메마른 내 안에 꽃처럼 피어난 사랑
가득한 그리움
그대였습니다
시간이 흘러도 흐르지 못하고
붉게 번져만 가는 그 마음은

bridge)
닿을 듯 말 듯 한 손길
그대는 내 맘 아시나요
흩날리는 꽃잎에 새겨진 그 마음을

chorus)
그대뿐입니다
차가운 내 맘을 온기로 채워준 사람
단 하나의 사랑
그대였습니다
시간이 흘러도 흐르지 못하고
붉게 번져만 가는 그 마음은

가수 정세운이 부른 드라마 〈조선혼담공작소 꽃파당〉의 OST 〈그대였습니다〉라는 곡을 예로 들어 보겠다. 이 드라마는 조선시대 중매 역할을 했던 매파당인 '꽃파당'의 이야기를 그리고 있다. 왕(서지훈 분)의 첫사랑이자 조선에서 가장 천한 신분의 여인이었던 개똥(공승연 분)을 가장 귀한 신분의 여인으로 만들기 위한 공작을 펼치는 조선시대 배경의 혼담 사기극이다.

작사가가 OST 작업을 할 때 모든 스토리를 미리 다 알고 있거나, 대본을 읽어 보거나, 대중들보다 먼저 드라마를 다 보고 쓰는 게 아닐까 짐작할 수도 있겠지만 보통은 이 정도의 간단한 정보만 작사가에게 제공되는 경우가 많다. 디테일한 내용을 거의 모른 채 작업하는 경우가 대부분이다. 이별 노래인지 사랑 노래인지, 어떤 심정을 그려 달라든지 정도의 간단한 디렉션만 주어진다. 이렇게 한정적인 정보들로 어떻게 쓸까 싶지만 가사에 드라마의 전반적인 줄거리나 등장인물을 일일이 소개할 필요가 없으므로 가능하다. 위에서 설명했듯이 등장인물의 속마음을 가사로 대변해 주면 된다. OST라는 정보가 미리 주어지지 않는다면 어느 가수의 정규 앨범에 실린 사랑 노래라고 착각할 정도로 공감할 수 있는 선명한 감정 한 방울만 가사에 스며 있으면 된다.

이 가사는 '그대였습니다'라는 제목부터 등장인물의 심리를 대변한다. '그대'라는 단어가 들어가는 노래 제목은 수없이 많다. 〈그대에게〉, 〈그대네요〉, 〈그대 그대 그대〉 등등 사랑 노래 제목의 단골 단어이다. 그래서 '그대'라는 단어를 제목에 넣을 때는 적잖이 고민되는 것도 사실인데 이 곡은 '그대였습니다'라는 단순해 보이지만 많은 것을 표현하는 좋은 제목이다.

우선 과거형이다. 현재 이루어지지 못한 누군가를 그리고 있다는 뜻이다. 그리고 본인의 진심을 조금 늦게 깨달았다. 당시엔 확신이 없다가 혹은 눈치 채지 못하고 있다가 타이밍을 조금 놓친 지금, 점점 더 분명해지는 본인의 진심을 확인하고 있는 중이다. 그러므로 아직도 잊지 못하고 그리워하는 중이다. 심플해 보이는 '그대였습니다'라는 제목과 반복되는 코러스 파트의 일부인 이 가사가 모든 감정을 자연스럽게 아우르고 있다.

보통 현실 연인 사이에서는 그대라는 호칭이나 존댓말을 흔히 쓰지 않는다. 하지만 이 드라마는 사극이고 등장인물의 신분이 다르므로 그대라는 단어와 존댓말로 쓰인 가사가 잘 어울린다. 사랑의 감정을 브릿지에선 '흩날리는 꽃잎에 새겨진 마음', 코러스에서는 '내 안에 꽃처럼 피어난', '붉게 번져 가는 그 마음'으로 묘사했는데 꽃을 이용해 일관성 있게 감정의 흐름을 표현한 점도 정리가 잘 됐다. 또한 드라마 제목인 '꽃파당'과도 연계돼 센스 있는 선택이라고 판단된다.

다음 OST 가사들을 찾아보고 앞의 예시처럼 배울 점들 혹은 좋은
표현들을 세 가지씩 찾아 보자.

1. <호텔 델루나> OST, 태연 <그대라는 시>

①

②

③

2. 네이버 웹툰 <바른연애 길잡이> OST, 이하이 <그 한마디>

①

②

③

열심의 농도와 방향

가끔은 작사를 열심히 한다는 게 뭘까 고민하게 됩니다.

괜찮은 작사가가 되려면 작사 공부와 연습을 열심히 해야 하는 건

너무 당연하지만 뭘 어떻게 하는 게 열심히 하는 걸까

조금 막연한 기분이 드는 것도 사실입니다.

작사 공부를 시작한 지 수년이 된 저도 이렇게 의문이 들 때가 있

는데 작사가 지망생 여러분들은 더 그럴 거라고 생각합니다.

어떤 일을 열심히 한다는 건

시간과 노력을 아끼지 않고 있다는 뜻이겠지요.

시간은 한 번 써 버리면 되돌릴 수 없는 것이기 때문에 어떤 일에

시간을 할애한다는 것은 생각보다 꽤 묵직한 의미입니다.

보통 후회라는 것은 들인 시간에 비례하는 적절한 아웃풋이 발생
하지 않았을 때 드는 감정이니까요.

제가 작사 공부와 관련된 책을 또다시 쓰게 된 이유는
여러분의 열심의 농도와 방향이 되도록
효율적으로 작사라는 일에 맞춰지게 하는 데
조금이나마 도움을 드리고 싶어서입니다.
겉돌거나 허비하는 에너지가 최대한 없길 바라는 마음으로
바로 핵심으로 직진하는 공부법을 책으로 공유하고 싶었습니다.
작사 공부법은 사람마다 다를 수 있어서 이 책에서 제시한 방법
또한 유일하거나 완벽하다고 말할 순 없겠지만
꽤 괜찮은 방법 중 하나 정도는 될 거라고 생각합니다.
이 책에서 공유한 저의 커리큘럼이 여러분의 작사가를 향한
흥미로운 여정에 페이스메이커가 되길 바랍니다.

NO	저작물명	가수명	작사가	페이지
1	와르르	김범수	정인, 김범수	56
2	Here I am	최아인	최아인, 안영주, Cathy Ha	115, 117
3	TENNIS	ITZY	JQ, Vacation	123~124
4	water color	휘인	박우상, JQ, 남혜주	127~128
5	Outerspace	강다니엘 (Feat. 로꼬)	Luke, 박시연, 로꼬, Anthony Russo	133~134
6	Dangerous	CRAVITY	JQ, 김응주, 구지은	139~140
7	Eyez On U	문빈&산하 (ASTRO)	JQ, 윤(makeumineworks), 미리무, 박수빈	145~146
8	Flash	강다니엘	JQ, 강다니엘, 이지원, 아멜리, 신새롬	151~152
9	SUPER	슈퍼주니어	JQ, 안영주, 아멜리	183
10	36.5	숀	안영주, JQ	185~186
11	Road View (ENG ver)	리본	JQ, 정재연, 이주희	190
12	Road View	리본	JQ, 정재연	191
13	Way Back Home	숀	이지혜, JQ	214~215
14	내 마음에 비친 내 모습	유재하	유재하	226
15	PARANOIA	강다니엘	강다니엘, JQ 외	249
16	Milkshake	레드벨벳	김보은	254
17	그대였습니다	정세운	Yoda	258